From the Neckar River to the Yangtze River
A German Doctor's Years in China

所有旅行

都充满神秘

有着你无法预知的

使命

从内卡河到扬子江
一位德国医生的中国岁月

〔德〕保罗·阿思密 /〔德〕克丽斯蒂娜·阿思密 _ 著

海娆 _ 译

人民文学出版社

图书在版编目（CIP）数据

从内卡河到扬子江：一位德国医生的中国岁月／（德）保罗·阿思密，（德）克丽斯蒂娜·阿思密著；海娆译． －－ 北京：人民文学出版社，2025． －－ ISBN 978－7－02－019338－7

Ⅰ．K835.166.2

中国国家版本馆 CIP 数据核字第 20252LP965 号

责任编辑　曾雪梅
装帧设计　刘　静
责任印制　宋佳月

出版发行	人民文学出版社
社　　址	北京市朝内大街166号
邮政编码	100705
印　　刷	北京中科印刷有限公司
经　　销	全国新华书店等
字　　数	147千字
开　　本	880毫米×1230毫米　1/32
印　　张	9　插页4
版　　次	2025年5月北京第1版
印　　次	2025年5月第1次印刷
书　　号	978-7-02-019338-7
定　　价	48.00元

如有印装质量问题，请与本社图书销售中心调换。电话：010－65233595

保罗·阿思密(Paul Assmy,1869—1935)

保罗·阿思密的墓碑

序

蓝 勇

（西南大学历史地理研究所教授）

近代中国社会本身就是一个很复杂的社会，加之多种社会思潮的影响，使我们对近代中国许多问题的认知难以统一。在我看来，他者视角是我们认识和研究近代中国社会的一个重要视角，因此我一直很关注近代外国人对中国本土社会的记录和观察。早在二十多年前，我就组织翻译了日本人山川早水的《巴蜀》一书，奉献给大家。可喜的是，近年来翻译外国人游历中国的游记越来越多，为我们更加全面地认识和了解中国近代社会提供了方便。但是，德国医生保罗·阿思密留下的关于中国的资料，并未引起我们的重视。现在令人欣喜的是，旅居德国的海娆女士，发现并翻译了这些资料，既为我国历史文化界的相关研究提供了一个很好的文本，也为中德文化交流做了一件好事。

保罗·阿思密进入中国的原因较为复杂，他先到了中国北方，后来受德国外交部委派，到当时的四川重庆巴县，开办了重庆第一家德国现代医院——大德普西医院，其间多有曲折。后来他娶了中国女子为妻，彻底在重庆扎下根，还开办了私人诊所，直到生命终结。他不仅在重庆救死扶伤医治病人，还在医务培训班授课，传播西方现代医学，为中国人民的健康做了有益的事情。我特别关注到，他办的医院，住院病人由医院提供一日三餐；如果病人经济困难，就免收伙食费，由德国驻成都和重庆的领事馆用所接受的社会捐款来支付。这是一件功德无量的好事。保罗·阿思密在行医期间，还为在讨伐袁世凯称帝的战役中受伤的刘伯承将军做了眼科手术，这也是一件相当有意义的善事。还有很多像阿思密这样的医生，将现代医学传入了古老的中华大地。

保罗·阿思密的一生，虽然只有短暂的六十五个春秋，但游历过中国许多地方，尤其是四川盆地、川滇藏区、长江三峡地区，还留下了比较丰富的相关资料。我们知道，同时代中国人写的游记，多关注山川风物、先贤名胜，多寄情山水，借景抒情，而外国人的游记更加偏重客观记录，关注自然环境、下层民生和社会潜规则等，这对我们今天研究真实而全面的中国近代历史提供了很好的资料。《从内卡河到扬子江：一位德国医生的中国岁月》一书中记载了各地地理特征、红船和警官的小费、鸦片烟的泛滥、船夫纤夫的日常生活等，是同时期国人游记中少有的内容，尤为可贵。书中对交通行旅的记载也相当详细，涉及道路、桥梁、轿子、船只、红船制度、纤夫、险滩、客栈、民居、饮食等诸多方面，这些资料都很珍贵。可以说，近代外国人游记中，最有价值的可能并不是文字，而是因为摄影技术的发明和领先而留下的大量照片，这些照片为我们直观精准认知近代中国提供了不可替代的图像资料。该书中的许多照片都具有相当高的史料价值，以川渝地区及周边的照片为例，大量不同角度的红船照片，塔洞滩、新滩纤夫、纤夫村、台子角石刻、兴隆滩、武陵镇、蔺市镇、飞越岭、野骡子滩、麻秧子船、嘉陵江石门、万利桥、普济桥、阿思密房子、巴塘大朔塘等照片都是我们研究这些地区历史文化的重要参考图像资料。

目前，学术界翻译的外国人游记主要是英文和日文的，德文、法文的相对较少，比如我手头仍有一些近代德文、法文的外国人关于中国的研究文本，却苦于无人翻译而无法利用。据海娆女士介绍，这本书中，阿思密日记部分的原始文本是古德语的手写体，阿思密后人不惜花费十年的时间和精力，还请了德语专家将其转换成现代德文，才挂到网上与世人分享。因为部分原始手写体难以辨认，转换时难免出现误差，她翻译起来困难重重。海娆女士是重庆人，毕业于西南师范学院中文系，是我的校友。她精通中国文学，文笔优美，现又旅居德国，对德文和德国文化皆有很深了解，由她发现该文本，并将其翻译成中文出版，既是上天对她的信任，也是她自己的社会责任感和乡土情怀所使然。在此，我对她翻译此书由衷地表示敬佩，也为她翻译此书对中国学术界和社会的贡献表示感谢！

2025年2月于重庆北碚

目　录

前言 / 001

第一章　阿思密生平(1869—1935) / 001

第二章　中国北方(1900—1903) / 039

第三章　穿越中国的旅行(1903—1904) / 071

第四章　逆行扬子江(1906) / 122

第五章　行医重庆(1906—1935) / 221

译后记 / 271

前　言

1900年9月，保罗·阿思密医生作为所谓"东亚远征军"的一员，前往中国，最初在北京第6战地医院。半年后，他从北京写信给从前的大学同学布特勒尔医生："然后，中国出乱子了，我就随他们一起来到中国，也许甚至会留下来。"

这时他绝对没想到，这一留下就是三十多年，他的整个后半生。

现在您看见的这些资料，不仅记载了阿思密医生的生命轨迹，也是对他的孙子沃尔夫冈·阿思密的一份纪念。沃尔夫冈对祖父在中国的经历很感兴趣，他从2004年开始，对祖父留下的文字资料和大量照片进行整理，准备公布在互联网上，与大家分享。2008年沃尔夫冈罹患脑瘤，仍带病坚持。不幸的是，他最终没能完成这烦琐、浩大而艰辛的工作。2009年10月1日，沃尔夫冈带着深深的遗憾离世，年仅五十六岁。2012年底，我从悲痛中站起来，决定继续丈夫的工作，帮他实现未了的心愿。

在此我要衷心感谢伊丽莎白——阿思密医生的大女儿,也是我丈夫的姑母,感谢她提供了大量信息、资料和照片。如果没有她的帮助,有些内容不可能完整。

通过对互联网上的资料和外交部档案的进一步搜寻和研究,我发现了很多跟阿思密医生有关系的人,他们都在自己的文章或书信里或多或少地提到过他,因此我得以补充一些从前并不知道的史料。德国外交部档案馆的文件和信函中,也有关于在中国四川开办医院的计划及其发展情况,以及阿思密医生在那里工作的详细记录。这些资料为我能完成本书的内容提供了很大的帮助。

我还要感谢所有给了我建议、信息和资料的人。比如,汉堡柯尼斯堡斯莱维吉亚下萨克森的老体操俱乐部,他们给了我一封阿思密医生于1922年写给朋友克劳斯的信和两张照片。克劳斯当时是汉堡的药剂师,那两张照片,一张拍于1889年,另一张拍于1897年。我借助一篇波茨坦文理高中百年校庆的纪念文章,以及给我照片的霍尼和戈尔茨伯爵的后人的帮助,查找到与照片相关的信息。后来邓伯格教授的一张照片,也为我提供了重要信息。

2014年12月,我在ebay网上发现了一张阿思密医生1902年写给同学布特勒尔医生的明信片,便立即竞买下来。

需要特别指出的是,我借助这些文献资料去追溯阿思密医生的生命轨迹,只是出于对亡夫的纪念和对阿思密医生的中国经历感兴趣,并希望能为阿思密家族保留下这段历史。这段个人历史被卷入了世界历史的洪流中，或许具有某些史料价值，而绝非想以此颂扬或美化德国军队当年对中国内务的干预。

和从前一样，我对更多与阿思密医生相关的信息、资料和照片感兴趣，如果谁有这方面的新发现，期待您能与我联系，尤其是有关阿思密夫人刘顺清及其娘家的消息。另外就是布文医生。他于1922年至1923年之间前往重庆，跟阿思密医生一起在重庆的中国红十字会医院工作。那之前，他是维尔茨堡妇科医院的医生。我还希望能找到1920年以后阿思密医生在重庆红十字会医院工作的资料。

最后就是中国人董焕江①，他的外文名叫 Fritz。在1903年至1904年，他陪伴阿思密医生和甘寿从北平到缅甸，再到德国。随后他在甘寿身边待了一段时间就离开了，去向不明。我很想知道他的下落。

克丽斯蒂娜·阿思密

2015年9月

---

① 董焕江，原文 Djo Hoan Djang。阿思密医生日记里的中国人名和地名，使用的是当时欧美人惯用的威妥玛拼音。由于日记年代久远，又是古德语的手写体草书，在被转换成现代德语时，可能与原文有出入。一些难以辨识的部分，甚至开了天窗。这也给翻译造成困难。因此，译者在没有十分把握时，就加上注脚附上原文，以期有专家学者和兴趣爱好者进一步考证。

第一章　阿思密生平（1869—1935）

1895年，也许是在海德堡的瓦哈特俱乐部咖啡馆，海德堡划船俱乐部举办了一次与大学生的联谊会，当时的划船俱乐部主席乌瑞希教授在会上声称，大学生们体能不行，不能把船划到内卡格门德以外的河段。大学生们听了很不服气，英国的巴姆和法国的拉贝兹，以及法律系的贝克尔、穆勒和医学系的阿思密，决定以此为契机，用实际行动来反驳乌瑞希教授的言论。于是，1895年9月2日，这几个年轻人从海德堡下水，划着伊米尔号小船，沿内卡河出发了。

这些经验不足的划船运动员在内卡河上划行了64公里，还成功地驶过了"斩妖"河段。那里水流湍急，有不可预知的激流和暗礁。阿思密被推选为船长，因为他是优秀的体操运动员和游泳健将，还是著名的决斗士。他每到一所大学都参与决斗，脸上和身上还有击剑决斗留下的伤痕。尽管他也是初次划船，但大家都相信，凭着他坚定的意志和强壮的体魄，能带领大家完成任务。

几年后，正是他坚定的意志和强壮的体魄，再加上勇于挑战的性格和对远方的向往，促使他前往遥远的东方古国——中国。他在那里度过了三十三年。第一次世界大战也波及他，不仅让他经历了中国社会的动荡，还改变了他的命运。他是受德国外交部委派去重庆创建医院，坐诊行医，传播德国的医学知识和文化。后来他在那里落地生根，与中国女子结婚生子，还结识了众多社会名流，例如冯·施瓦岑斯坦公使[1]和宝隆医生[2]，记者兼作家冯·萨尔兹曼[3]和第一位信奉佛教的德国僧人三界智等。第一次世界大战后，他的事业和生活陷入困境。是他坚定的意志和勇于挑战的性格，以及救死扶伤的医者仁心，帮助他克服了困难，并支撑他在异国他乡独自坚守，直到生命终结。

时间回到1861年。

在高等法院工作了两年后，法庭陪审员保罗·埃德华·路德维希·阿思密，被调往奥德河畔的法兰克福辖区法院工作。这位泥瓦匠的儿子来自库斯特林[4]，曾经就读于柏林的灰色修道院文理中学，后来上了大学，学习法律和行政管理。

---

[1] 穆姆·冯·施瓦岑斯坦(Mumm von Schwarzenstein, 1859—1924)，德国外交官。1900年临时接任克林德的驻中国公使一职，在中国期间用相机拍摄了大量老北京照片。这些照片流传至今。

[2] 宝隆医生即埃里希·宝隆(Erich Paulun, 1862—1909)，同济大学的创始人。曾经是德国海军医生，1891年随军到上海，退伍后到上海开诊所行医，1899年，在中德两国政府的支持下，创建了上海德文医学堂(同济大学前身)。

[3] 冯·萨尔兹曼(von Salzmann, 1876—1941)，德国记者，在中国为德文报纸撰稿，著述颇丰，代表作《中国赢了》(*China siegt*, 1929)，1912年采访过孙中山。

[4] 库斯特林(Küstrin)，现属波兰。

1864年11月23日，他与堂妹玛格丽特·阿思密在库斯特林结婚。四年后，他被调到梅塞里茨市法院当律师。梅塞里茨属于普鲁士波森省，位于帕克利茨河汇入俄巴河的入口处。在生育了两个女儿后，他们的第一个儿子保罗·阿思密于1869年11月5日在梅塞里茨出生。同年12月26日，保罗·阿思密接受了洗礼。

　　保罗·阿思密和两个姐姐，以及后来的四个弟妹一起，在梅塞里茨生活了一段时间，然后全家搬到波茨坦，因为他们的父亲被调到那里当律师。父亲工作很出色，被视为精明的律师和出色的辩护师，还被授予"皇家枢密院议员"头衔。1896年12月26日，母亲玛格丽特·阿思密去世。1907年9月18日，保罗·阿思密的父亲在慕尼黑去世。

阿思密家在波茨坦的房子

阿思密（左一）在波茨坦的高中毕业照

保罗·阿思密（以下简称阿思密）于1878年在梅塞里茨入学，1883年随家人来到波茨坦后转入维克多利亚文理中学，1889年毕业离校。

1889年5月1日，阿思密在基尔皇家基督教阿尔布雷希茨大学注册，开始了医学专业的学习。1891年3月2日，他通过了基尔的医生资格预考，综合成绩为"好"。大学生活一开始，他就加入了"基尔斯莱维吉亚学生协会"。该协会的口号是："荣誉建立在德行上！"

1891年4月1日，阿思密加入编号为85的"荷尔斯坦公爵"步兵团。这是普鲁士军队驻扎在基尔的一支部队。同年9月底，他结束了兵役，军衔为二等兵。

从1892年5月到1893年冬季学期，阿思密在慕尼黑的皇家拜仁路德维希马克西米利安大学医学专业继续深造，同时还完成了慕尼黑医院的实习，旁听了妇科和外科医院的讲座。学业结束后，他又到柏林皇家弗里德里希威廉大学继续学习，并在那里的眼科和柏林皇家大学妇科医院继续实习到1893年夏季学期。

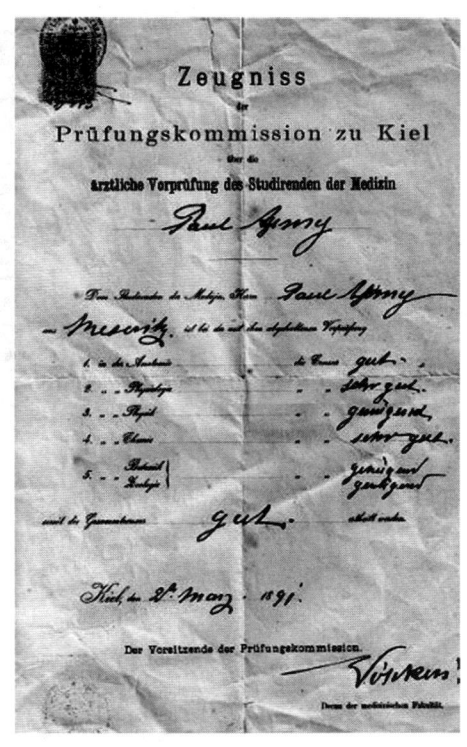

阿思密的医生资格预考成绩单，1891年

两年后，他转学到海德堡大学。

1897年11月2日，他在海德堡大学以优异成绩考取了行医执照，并于1898年1月25日获得二级助理医师证书。同年7月26日，他获医学博士学位，博士论文写的是运动神经切断对腹部外伤切口瘢痕形成的影响。该论文于1899年出版，其内容和观点多次被其他医学专业学生在论文中引用，还被医生们广泛运用于

在医学院实习期间的阿思密(后排右一),约1893年

在海德堡学习期间的阿思密(右一),1895年

实践。

1897年4月1日他再次入伍，进入威廉大帝一世的巴登第2步兵团，又转入巴登第4步兵团在穆尔豪仁的112部队一直服役到1897年11月11日，是初级预备军医。

1898年10月，阿思密前往柏林，在弗里德里希威廉大学（今洪堡大学）的病理研究所实验室和解剖室担任志愿助理。

1900年，中国爆发义和团运动，当时的德国政府于夏天派兵前往中国。阿思密成了"东亚远征军"第6战地医院的医生。在伦茨堡入伍整编后，这支队伍于1900年9月4日从不来梅港出发，乘坐北德轮船公司的汉诺威号邮轮前往中国，船上有第6步兵团第2营、第4步兵团第9连、第2步兵弹药纵队、第6战地医院的医务人员，共42名军官、20名邮轮高级船员和政府官员，1257名士兵及

前往中国的汉诺威号邮轮

普通船员，以及58辆机动车辆。

1900年10月18日，该船经过中国海岸的大沽炮台。在这次前往中国的旅途中，阿思密认识了同为第6战地医院的医生、上尉军医珀斯。珀斯于1901年7月离开中国返回德国，1903年出版回忆录，描写了他往返中国的旅途以及在中国的经历，书名叫《中国来信》。通过他的描写，可以准确找出阿思密在旅途中拍摄的照片时间和地点。

珀斯在书中写道：

> 1900年12月27日，"东亚远征军"的四名成员，包括阿思密和珀斯，坐在北京第6战地医院的食堂里。但愉快的聚会被年轻男仆宋乔[①]带来的消息破坏了。宋乔报告说，有几个可能是德国政府委派的人在威胁中国人，想勒索钱财。
>
> 四个士兵马上提着毛瑟手枪和马刀，在宋乔和一个翻译的陪同下，匆匆赶去查看。很快，住在附近房子里的居民就证实，确实有人来收过钱。一些暂时没钱的居民，还被要求稍后补交。四个德国士兵很快就找到收钱人的住处。门开后，有一个人企图逃跑，被士兵抓住辫子，逮着了；另一个人被战地医院的药剂师用手枪顶着，没敢动。只有一个人跑出去了，阿思密跟着追

---

① 宋乔，原文 Sung Tschau。

了出去，但他很快就跑得不知去向，士兵们怎么呼唤都没人回应。这时，珀斯提着马刀，押着两个中国人过来。他俩是放风的，负责在外面敲锣报警，让人逃跑。到处都是当地人，挤满了每个角落。出人预料的是，来自伦敦的传教士S夫人出现了，她问提着马刀惊讶地站在那里的珀斯，出什么事了？德国士兵们这才注意到，他们闯进了伦敦宣教区。原来，是伦敦宣教团向德国辖区的中国居民征收清洁费，被居民视为敲诈勒索。这显然是个误会。德国士兵们在多次道歉后返回了兵营。(摘自《中国来信》)

1901年6月9日之前，阿思密一直在"东亚远征军"北京第6战地医院工作。从6月10日起，他被派往同样驻扎在北京的"东亚远征军"第2步兵团第3营。1902年6月9日，部队离开北京到廊坊。1903年1月1日，阿思密被调到廊坊的"东亚远征军"第2步兵团第2营。

"在中国期间，阿思密积累了丰富的临床经验，也知道如何处理困难。"珀斯在他的文章《关于一些枪伤》中这样写道。该文发表在德国的外科杂志上，不仅谈到他自己在中国治疗的许多腹部枪伤，还谈到，第6战地医院采用了阿思密的建议，用自行车车灯作为夜间手术的照明。通过这种方式，一些紧急手术能在战地医院条件恶劣的环境中进行。阿思密后来在杨村负责一家中国医院，又在北京的一家医院干了三个月。但详情不明。

阿思密从北京寄给德国布特勒尔医生的明信片，1902年4月25日

阿思密于1903年9月22日出发前往缅甸，1904年4月1日回到德国，同行者有甘寿——"东亚远征军"的少尉兼翻译。同行还有两个中国人，一个是翻译，一个是厨师，以及在汉口加入的迪兹上尉。

阿思密在宜昌度过了三十四岁生日，同行的中国人董焕江用巧克力蛋糕给了他一个巨大的惊喜。在当时的情况下，制作巧克力蛋糕不仅奢侈还相当不易。

尽管是雨雾天气，他们还是朝着万县方向出发了。驮着钱箱的骡子跌进沟里，但骡子没受伤，并不影响他们继续前行。旅途中，阿思密给中国病人治病，为疟疾患者提供药物。正是这次旅行让他产生了以后到中国工作的念头。

这次从北京到缅甸的旅行途中所拍摄的照片，阿思密提供了

阿思密（前排右二）与军医罗斯纳受邀在病人家中用晚餐，北京

阿思密（后排左四）与第6战地医院的医务人员在北京

一些给其他人出书使用。比如亚历山大·霍西先生（Sir Alexander Hosie）——英国驻中国天津的总领事，他在1914年出版的书籍《追寻罂粟花的踪迹》（*On the Trail of the Opium Poppy*）中证实了此事。

另外，在《中国旅行》和里普瑞希特博士出版于1922年的《华西高地的植物之旅》等书中，也发现有阿思密这次旅途中所拍摄的照片。

1904年7月16日，阿思密在柏林的人类学家、民族学家、史前学家面前，作了一次关于穿越中国和缅甸的演讲，他父亲也在场。阿思密展示了大量旅途中拍摄的照片，尤其是从北京到缅甸的漫长路段。他的演讲和照片给大家留下深刻印象。

返回德国后，阿思密被提升为上尉医生。

德国探险家埃勒斯1892年至1893年在中国待过。他在《在东亚》一书中建议，应该登上城墙游览北京："他恍若进入了另一个世界，一个巨大的公园在他面前无限地展开。在那些树梢之间，寺庙和宫殿的屋顶在阳光下闪烁着金黄的、蔚蓝的和翠绿的光芒。从城墙的角度放眼望去，北京是东方最可爱和迷人的城市之一。"

阿思密带了很多他于1900年至1903年在北京和廊坊所拍摄的照片回德国。这些照片和后来我们买到和被赠送的照片，补充和丰富了阿思密在中国的故事。其中一些大尺寸照片不仅在格式上跟别的照片有所不同，图像质量也更好。这些照片主要来自冯·施瓦岑斯坦,他从1900年开始担任德国驻中国的公使。

1903年,冯·施瓦岑斯坦推荐阿思密去四川当医生。德国外交部想在四川建一所医院的计划,在1903年至1905年,变得越来越具体可行,但阿思密不是唯一对这个职位感兴趣的医生。

1903年12月,阿思密在从北京到缅甸的旅行途中,向驻济南的德国领事贝茨汇报了由勒让德医生主持的成都法国教会医院的情况。那家医院和教会的关系出现了问题,因此法国政府计划在成都另建一座独立医院。阿思密认为,法国人在成都的影响很大,如果德国外交部派人去成都开办医院,没有竞争优势。

1904年初,海军军医卡姆拉特在济南接管了一家中国医院及其附属的诊所。为了更广泛地扩大德国在中国的影响力,现在应该推进和实施在四川创办医院的计划。

1904年3月,德国驻华公使冯·施瓦岑斯坦写信给德国外交部,推荐阿思密去四川当领事医生:"关于贝茨博士对所谈之人(即阿思密)的看法,我还想再补充几句。就我所知,阿思密医生是个精力充沛并且很能干的年轻人。他在杨村医院工作期间,我经常听到人们对他的夸奖。"

德国陆军部对阿思密医生的推荐语如下:

"在北京和其他地方的帝国使节,均为在四川的新职位推荐了曾经的'东亚远征军'医生、现奥登堡陆军第91团第2营的上尉医生保罗·阿思密。根据1905年1月1日的评审报告看,他是一位优秀的军医，道德行为和工作能力均无可挑剔，专业知识超乎寻常，且有高超的应急能力，在解剖学和外科方面的临床经验相当丰富。因此他适合前往中国四川担任领事医生一职。"

1905年6月17日，阿思密从奥登堡给外交部写了一封信，告知他已于1905年复活节订婚，计划于1906年春季完婚。他询问，结婚是否会影响他被任命为前往中国的领事医生。他想在弄清楚这个问题之后再征求新娘及其父母关于结婚的意见。

以下是阿思密于1905年6月17日从奥登堡写给外交部的信：

致帝国外交部：

咨询前往中国四川任职领事医生的条件

请允许我参照上级部门给陆军医疗司的信函副本，谨提以下问题：

我个人已经准备就绪，相信我的身体条件和教育背景皆适宜担任中国四川的领事医生一职。但我已于1905年复活节订婚，计划1906年春天完婚。现在我必须首先明白，该职位是否对就职医生的婚姻状况有特殊要求，即：是否也委派给已婚医生？1903年深秋，我考察四川省府成都时，发现那里生活着一些西方家庭，其中有法国海军医生勒让德及其夫人。他们看起来生活得很不错，从未受到当地人打扰。我的新娘及其父母是否同意我前往中国四川工作，我只有知道已婚的身份不会影响我得到这份工作，才会告诉他们。

如果结婚不影响我获得这个职位，我的第二个问题是：我应该何时启程？以便我准备婚礼。还有，五年任期是否包括来回路上的时间？

在启程之前，我是否能去东方神学院的华南汉语班学习汉语？在中国逗留的三年半期间，我掌握了一些北方的日常用语。但这些用语只够跟熟悉北方话的受过教育的中国人进行日常交流，不适于跟中国南方的普通老百姓交流。

另外，我还想丰富一下产科和眼科方面的手术知识，尤其是后者，眼科手术的临床经验在中国非常重要。我曾经在枢密院议员冯·伯格曼先生的医院担任了很长时间的外科医生，会在短时期内掌握必要的专业知识。

我还想知道，除了购买规定的医疗设备，是否报销超出规定和拨款限额的医疗用品的费用？

最后请问：当地的领事馆在哪里？以便我届时跟他们联系。

恭候帝国外交部的回复。

保罗·阿思密

奥登堡第91陆军团第2营上尉医生

外交部问，中国现有的生活条件对于一个德国妻子来说是否能接受？冯·施瓦岑斯坦公使回复说，未婚医生当然更理想，因为四川的地理位置十分偏远，交通极其不便，那地方几乎与世隔绝，再加上紧张的住房和陌生的气候，都会增加生活的难度。尽管如此，他仍然看好阿思密医生，认为他去过四川，对那里的情况有所了解，知道他和夫人将面临什么。阿思密医生的个人资历很有优势。无论如何，公使更支持阿思密去，而不是一个资历不如他的未婚医生。

为了消除未婚妻和她父母的顾虑，1905年7月，阿思密请求外交部提供更详细的资料，比如医院的具体开办地点、当地有多少欧美人以及气候如何、维持一个家庭需要多少开支、如何前往等。

外交部最终决定把医院开在重庆。成都虽然是省会城市，但法国人的势力很大。另外，重庆的交通条件似乎更好些。

1905年10月7日，阿思密表示，可以随时启程赴中国工作，并通知外交部他已解除婚约。于是他被派往中国四川重庆的德国领事馆。他的任期最初为三年，年薪7000马克，外交部同时保留派遣他到中国其他地区工作的权利。启程前，他完成了产科和眼科手术课程。从部队申请到三年半的休假期后，他启程了。1906年1月17日，阿思密从意大利热那亚乘坐北德轮船公司的爱丽丝公主号邮轮前往中国。

从上海沿扬子江到重庆的旅程，他拍了很多照片，并从宜昌开始写日记。但在重庆创建医院时的艰辛和困难使他放弃了写日记。

在重庆期间，阿思密并没按计划住进德国领事馆，而是住在他创建的医院里，以便节省路上所需的两小时往返时间。另一个原因是他不放心医院那些昂贵的医疗仪器。住在医院产生了计划之外的费用，这使他提出加薪请求。

他雇请了一个厨师，一个看门人，一个苦力，一个挑水工。为了能与中国政府官员和在重庆生活的欧洲人建立和保持良好的关系，他还需要几间布置适宜的房间。重庆城有两条河，从河对岸来访的客人往往会留下来过夜，因为城门晚上7点就关了，钥匙被放在道台衙门。另外，夜里过河也很危险。

阿思密为自己购买了一辆蓝色的官轿，为轿夫配备了包括鞋子在内的夏冬两季工作服。从医院到领事馆乘轿（每月）需要528文钱，相当于1.25马克。由于身边没有同事可以交流和切磋工作经验，也没有可能去医学院进修或者参加研讨会，他只能通过购买专业杂志和医学著作来不断学习，以了解世界上最先进的医学知识，提升自己的行医能力。这些资料不仅价格昂贵，而且在中国内陆很难购买。在后来的几年里，物价高涨，生活成本增加了很多。一只鸡从前只要80文钱（大约9芬尼[①]），后来涨到130文钱。黄油、奶酪、牛奶、葡萄酒、啤酒、面粉、糖、香肠等进口食品，以及煤油、火柴、香皂等生活消费品，由于频繁的海难，高昂的扬子江

[①] 芬尼，德国旧货币，100芬尼等于1马克。

运输成本，到重庆后价格通常会翻番。当时重庆的国际贸易公司老板阿奇博尔特·立德乐估计，仅宜昌到重庆这一段扬子江水路，运输中的货物损失率就达10%。在上海1马克能够买到的商品，到了重庆要3.25马克。但谁能拒绝来自故乡的商品，尤其是食物呢？这些商品必须装在昂贵的金属货柜里运输，交货时间经常被延迟，有时甚至无法抵达。

每一年，阿思密要向德国外交部呈交一份详细的医院工作报告，包括就诊人数、救治方案和疗效。除了作为医生的救死扶伤工作，他还要拟出费用报表，提出所需药品和医疗设施清单。从德国海运寄出的货物，经常受损和迟到，这使得一切更加困难。在他和外交部的通信中，从一开始就有关于医院经费和医疗用品不足的激烈争论。

1906年，阿思密在重庆遇见了当时德国驻重庆的领事馆工作人员、后来的领事弗瑞兹·魏司。魏司在备忘录里写道，阿思密是个工作精力充沛的医生，但他脾气不好，经常骂骂咧咧，尤其是对德国外交部意见很大。尽管如此，魏司领事对阿思密也不乏赞美之词：

> 他看起来不那么彬彬有礼，但我仍然要夸奖他。在重庆的漫长岁月中，直到生命终结，他无疑促进了德意志文化的传播，并让德国的医学成就赢得了中国人的高度评价，即使如下例所示，人们只能用简单原始的方法工作。在病危和绝

望的时候，他们都会呼唤"恶医生"①，向他求救。一个孝女割肝救母的事件当时在重庆轰动一时。这位孝女在药师道人的建议下，用剪刀剪下自己的肝。但她既未因失血过多而身亡，也未能用自己的肝熬汤治好母亲的病。她是如何准确地找到肝并剪下它的，一直是谜。在阿思密的医院，剩下的一小块肝被保存在酒精里，供人参观。中国报纸连篇累牍地报道此事，数日不停，高调赞美"恶医生"和这位勇敢无私的孝女。

魏司领事证实了医院设备欠缺和德国政府对医院财政资助不足，只是通过阿思密的组织才干和应变能力，医院才得以运营下来。

对于那个剪掉自己一块肝的女人，阿思密在他1906年至1907年的医院工作报告中也有记录。女人自我切肝后，流血不止，先被一个中国医生抢救，12小时后命悬一线，才被送到德国医院，被阿思密急救后转危为安。而她病重垂死的母亲只是患了疟疾，被阿思密用奎宁治好了。

另外，英国植物学家亨利·威尔逊（E.Henry Wilson）在《一个博物学家在华西》（*A Naturalist in Western China*）一书中也提到此事。

---

① 恶医生：原文 O-I. Sheng，在重庆话中，"恶"发音为 O，有脾气不好态度凶恶之意。译者推测，阿思密脸有伤疤，带凶相，又如魏司领事所言，他经常骂骂咧咧，故被重庆人称为"恶医生"。

从1906年7月1日起，阿思密同时又开了一家私人诊所。诊所在第一年主要接诊巴黎外方传教团成员、德国公司的员工、日本人以及少数中国人。但诊所在初期并不盈利。

由于工作太紧张，他通常靠打网球来调剂和放松。英国领事馆和麦肯齐洋行都有网球场，他经常去那里跟人打球。

在医院开业后的头几年里，人们总在讨论，是否该把重庆的医院关了，搬去成都，因为法国人在成都的影响力正在逐年减弱。

在1908年6月的工作报告中，阿思密指出，医院的建筑和卫生条件存在严重缺陷，糟糕的建筑材料有损病人和医务人员的健康。医院依山而建，部分房间在岩石下，下雨时湿气会渗入病房。建筑的地基被雨水冲蚀后开始下沉，最后导致阿思密私人厨房的一面墙倒塌。

他写道："我怀着极大的热情投入工作，当各种难以忍受的问题甚至在我的私人住处也出现时，我总是提醒自己，我任职的时间不长，不会在这里待很久的。我还安慰员工们说，等我的下一任来了，这些情况都会得到改善。但现在看来，我估计还得在这里工作三年，因此我必须多为自己的健康考虑。如果我的健康受损，工作质量和效率下降，会导致整个事业失败。"

1909年5月，阿思密医生向德意志帝国总理冯·比洛亲王请求休假四个月。他希望从1909年秋天开始休假。从1906年抵达重庆后，他一直在工作，从没停歇。现在他的健康出问题了。他的假期从1909年9月16日开始，但没过多久就中断，他又开始工作了。1910年3月，他彻底病倒了。气候和居住条件的恶劣，以及高强度的工作，严重损坏了他的健康。德国海军高级军医法肯巴哈在祖国号舰艇上为他体检，确诊他患有神经衰弱、急性心脏扩张和肾炎。在此之前，他还患了流感，随后又出现了严重的肺炎、心力衰竭，以致有人担心他会死于这些疾病。

于是他再次中断了医院的工作，决定去日本疗养。1910年6月，在前往日本的途中，阿思密到达上海。德国驻上海的总领事冯·布瑞在给总理的报告中提到了他，说他身患重病，急需疗养。冯·布瑞也赞成阿思密去日本海边疗养三个月。

在这封1910年6月5日的信函中，冯·布瑞总领事再次明确地强调了重庆医院的重要性。他指出，通过阿思密的努力，医院已经取得了比预期更快更好的成绩。尽管医院在设备方面远远落后于竞争对手，但无论是欧洲人还是中国人，他们在病重时，都首先向阿思密医生求助。总领事认为，医院已经初步取得成功，不应该关闭。鉴于在成都开办新医院的成本太高，外交部最后决定，医院就在重庆城内择址搬迁。1911年4月，医院搬到重庆城西部一座小山丘的南坡。

1910年从日本疗养回来后，阿思密又患上阿米巴痢疾，直到1911年10月仍未彻底痊愈。他无法继续在医院工作，又担心自己生病会影响医院的正常运营，于是他请求辞去医院负责人职务。1912年3月28日,海军参谋医生克瑞兹接替了他,担任医院负责人。阿思密于1912年3月29日启程返回德国。但克瑞兹医生于同年10月死于喉咙溃疡引起的心脏衰竭,因此,从1912年10月到1913年3月,奥堤号德国舰艇的海军医务官乌特医生白天到医院主持工作。另外,法国医务官查尔斯·亨利·特里维迪奇医生也同意,在克瑞兹医生生病期间,每周去医院坐诊三个下午,帮忙接诊病人以维持医院的正常运转,直到阿思密从德国回来。

阿思密(后排右三)在德国期间,1912年

1913年7月20日,阿思密回到重庆。在德国期间,他接受了一个手术,然后在疗养院休养。康复后,他去图宾根拜访了医学专家珀斯教授,受到启发,决定使用新的医疗仪器,让重庆的医

院更加具有竞争力。但由于外交部拨款金额有限，差额部分他甚至自掏腰包。

1913年4月初，陆军卫生员保罗·舒赫德①来到重庆，接管了医院的行政事务。

第一次世界大战结束后，1919年3月，舒赫德跟其他在华的德国人一样，被遣返回德。他跟在重庆经商的威尔舒森一起踏上返乡路。威尔舒森在日记里详细记录了二人由重庆到德国的旅途见闻。这篇游记和他对中国旅行的回忆，被作家阿克塞尔·罗申和托马斯·泰尔博士收录在他们的《离开中国》一书中。威尔舒森在文中说，他们在途经上海时听闻阿思密也被逐出重庆，到了汉口，但阿思密在汉口失踪了，因此逃脱了被遣返回德的命运。遗憾的是，这期间，阿思密中断了跟德国朋友们的联系。珀斯教授甚至一度猜测，阿思密可能想通过印度、波斯或俄罗斯逃亡，也许在途中不幸身亡。

目前尚不清楚，舒赫德什么时候又回到中国。军旅记者埃希·冯·萨尔兹曼在他的《中国赢了》一书中，提到一个名叫舒赫德的商人。萨尔兹曼1929年1月在重庆遇到做进口生意的舒赫德。

---

① 舒赫德（Paul Schuchardt，？—1937），1913年被德国外交部派到重庆，协助阿思密工作。第一次世界大战结束后被驱逐出境，后又返回重庆，在城中心的督邮街开了一家西药店——蜀德大药房。病逝后葬于歌乐山山洞（地名），药房被周贤接手，一直经营到1950年。

1935年3月26日，舒赫德在重庆领事馆证明了阿思密离世的消息，他自己也于1937年在重庆去世。

随着第一次世界大战爆发，在重庆的德国领事馆跟法、英领事馆的官方联系中断。1915年，尽管英法两国领事馆联合起来，坚决抗议受德国政府资助的德国医院继续运营，阿思密和副官舒赫德仍然被中国政府分别授予四等和六等嘉禾勋章①，以表彰他们的出色工作。1917年5月中旬，中德断交两个月后，他们俩再次被分别授予三等和五等嘉禾勋章。此外，他们俩在这期间还获得过两枚红十字勋章，并于1918年9月获得中国南方集团军司令唐继尧将军颁发的二等勋章。

阿思密是何时何地与妻子刘顺清认识的，尚不清楚。美国作家乔治·巴塞尔的《试管与龙鳞》一书中施托贝尔医生故事的原型便是阿思密与妻子刘顺清。

阿思密的大女儿伊丽莎白还记得，她的母亲是个受过教育的女人，精力充沛，热情好客。伊丽莎白推测，母亲来自一个广东家庭。刘顺清与同辈的中国女性不同，她没有三寸金莲小脚。她出生在汉口，结婚证上的出生日期是1890年7月18日，但死亡证上的出生日期又是1889年6月2日。她会讲英语，很能干，管理着一个仆人众多的大家庭。夏天的周末，她负责招待众多到山上来避暑的

---

① 嘉禾勋章，北洋政府时期授给"有勋劳于国家者"以及"有功绩于学问及事业者"的勋章。

朋友。另外，她还会绣花，为仆人们裁剪和缝制衣服。

1956年，伊丽莎白在印度当医生。有一次她去拜访驻孟买的德国总领馆，遇到一位总领馆的官员。这位官员在重庆待过，还到过阿思密家里做客。他邀请伊丽莎白共进晚餐。在官员的家里，暂住着一位阿思密曾经的朋友。这个人对伊丽莎白说："您知道吗？我到过很多地方，没有一个地方的火腿和肝肠有您母亲做的那么好吃。"

阿思密夫人刘顺清及其手迹

伊丽莎白还是小孩子时，曾经听那些跟母亲打麻将的女人说，在刘顺清面前，没有任何食谱可以保密，因为她能品尝出所有的配料。刘顺清精通草药和香料，还会自己加工提炼。她经常带着两个女儿上山采草药和蘑菇。

1939年，似乎有个机会可以了解刘顺清娘家的情况。伊丽莎白有个叫杨兰妮的朋友，在重庆大学碰到过伊丽莎白的两个表兄弟。伊丽莎白向她索要表兄弟们的姓名和地址，但因为战争，她跟杨兰妮的联系突然中断。战争结束后，她试图再联系杨兰妮，却没成功。

阿思密和刘顺清共同生育了四个孩子，大儿子弗瑞兹于1915年在汉口出生，女儿伊丽莎白、格图德和小儿子汉斯，分别于1921年、1922年、1926年在重庆出生。

弗瑞兹曾经在汉口上过德国学校，1924年夏天被送到德国读书。其他三个孩子到了学龄后，都被送到青岛的德国学校上学。

阿思密和刘顺清于1925年2月4日按德国法律在重庆的德国领事馆登记结婚。婚礼用中德双语举行，领事诺德博士在结婚簿上签了名。想必他们的中国婚礼在十年前就已经办过。

阿思密的大儿子弗瑞兹

阿思密的两个女儿跟德国传教士赛登伯格阿姨在重庆（阿思密的四个孩子都在入学前跟她学过德语）

阿思密的小女儿格图德

1916年，阿思密从一户中国家庭买下文峰塔山的一块面朝重庆城的坡地。坡地从山脚延伸到山顶的古塔。这座山位于扬子江南岸，属于南岸的第二道山脉，被称为二岭。前面还有一道较低的山脉，被称为一岭。夏天这山里比城里凉爽，冬天有时会下雪。当地的中国人说，下雪是"龙嘴里吐出的气被冻僵了"。

坡地上有一幢平房，不清楚是阿思密买地的时候就有还是后来建的。平房有宽敞的带凉篷的露台。凉篷可以遮挡阳光，让露台和室内变得阴凉。房子后面是山坡。伊丽莎白还记得小时候的那场虫灾。毛毛虫密密麻麻地把露台上支撑凉篷的柱子都覆盖成黑色。为了消灭这场虫灾，仆人们端来装有煤油的容器，把柱子和墙上的毛毛虫扫下来，让它们掉进煤油里淹死。房子

阿思密的小儿子汉斯

阿思密家第一幢平房的露台

阿思密和客人们在第一幢平房门前合影
（刘顺清抱着格图德，一位女客人抱着伊丽莎白）

俯瞰坡地和第一幢平房

平房被森林遮挡，不远处的山顶就是文峰塔

阿思密的新房子（一）

阿思密的新房子（二）

附近还经常有狼出没。伊丽莎白多次听到狼的嚎叫，她觉得那声音听起来既恐怖吓人又美妙动听。

后来，又在古塔下的山坡上建了一幢新房。他们先对山壁进行了局部爆破，平整出一个宽大的平台，然后在平台上建了一幢一楼一底带阁楼和门廊的新房。新房前还建了网球场被冲。几年后，一场大雨引发了旁边的山体滑坡，网球场被冲垮了。他们没有重建网球场，而是把它改建成花园，中间留出一条通向房门的宽敞大道，滑坡的山壁通过种上树和灌木加以巩固。一条小路从房子旁通向山脚，半坡上还筑建了露台，露台旁种了些落叶乔木。

1917年，作家埃米尔·费歇尔在前往打箭炉（康定）途中，顺路拜访了阿思密。他把重庆描写成一座激动人心的城市，有许多漂亮可爱的小商铺，正在按上海模式建设一片现代化新区。他还写了骑马的艰辛，要攀登颠簸几千级石梯，才能抵达山上阿思密的家。阿思密家的房子位于扬子江右岸[①]，靠近一条通往贵阳的运输古道。在启程继续旅行前，费歇尔在阿思密城里的公寓举办了一场告别聚会。出席聚会的其他嘉宾有医务官舒赫德、工程师戛劳比兹、商人威尔舒森等。阿思密为大家演奏了音乐，还为费歇尔接下来的旅行提出了一些实用性的建议，比如想让四川马在石梯路上快速前行要松开缰绳，想让它停下时要抓住下面的鬃毛。

---

① 日记中的扬子江左岸和右岸，是相对于江水的流向而言。

阿思密夫妇带着小儿子汉斯，与客人们在新房门前的网球场上

阿思密夫妇带着小儿子汉斯和客人们在新房门前的石梯上合影

一场持续多日的大雨导致山体滑坡，毁坏了房前的网球场

网球场被改建成花园，中间留出一条通往房门的宽敞大道

阿思密夫妇和朋友们在新房门廊，1934年

从1906年至1920年，阿思密不仅写了在重庆医院的工作报告，还发表了多篇与之相关的医学论文。但1920年以后他不再发表文章，也不再为外交部工作。他于1919年从部队退役，1920年又回到重庆，开始负责重庆红十字会医院的工作。外交部档案馆的一封信函显示他后来离开红十字会，独自经营一家私人诊所。

1922年11月，阿思密又恢复了跟德国亲友们的联系。他写信给朋友、汉堡药剂师克劳斯，希望布文医生能到中国去，为他的诊所提供帮助。信中有他在中国辛苦工作的印迹。他写道："我已年老体衰。以前干得太少的事，现在要我努力偿还。"

1929年1月2日，记者冯·萨尔兹曼来到重庆。他和阿思密在1900—1903年的"远征军"时代就认识。他在《中国赢了》中写到，中国人非常信任阿思密医生。

他还写到，别的国家都在继续资助他们的宣教团和医院，并支付给医生良好的薪酬，德国政府却于1920年停止了对医院的资助，为此阿思密深感失望。这位记者写道："阿思密身上体现了命运的悲剧。他把生命和理想、意志和信仰、工作和家庭，全都奉献给了这伟大的事业。现在他除了失去，一无所获。"

1933年12月，阿思密在京接受了胆囊手术。

1934年夏天，他因年龄

阿思密、格图德、汉斯、刘顺清、伊丽莎白（左起）在新房前的坝子上

伊丽莎白回到重庆故居，跟儿时的玩伴重聚，1991年

和健康的关系，婉拒了加入正在筹建的中华医学协会的邀请。

1935年3月9日，阿思密因病在重庆离世。

他留下了五处产业：（一）千厮门顺城街的一块地；（二）南岸文峰塔下的一块地；（三）南岸山脚的半幢房子（房子的中间和偏房）；（四）南岸山脚一幢房子侧面的一套公寓；（五）南岸文峰塔下的一幢"新房"。

那幢文峰塔下的"新房"自1940年6月起出租给德国大使馆，租金收入为孩子们的生活提供了经济保障。

如何评价阿思密和他的工作？当时报纸上的悼文，已经给出了答案。

发表在1935年3月15日《德意志上海报》上的悼文如是说：

上海全体同仁沉痛悼念阿思密医生

我们刚刚收到一条令人痛心的消息，阿思密医生辞世了，享年六十五岁。我们古老而典型的通过忠于职守来彰显的德意志品质，也随他一起在重庆消失。阿思密医生来自柏林的"植物苗圃"[1]，即所谓"打鸣的公鸡"[2]，因此注定为军队服务。他很年轻时就被提升为高级军医，被派遣到东方，他的命运也

---

[1] 植物苗圃（原文为法语 Pépinière），指成立于1795年8月2日的一处普鲁士王国军医培训和进修机构。该机构也是柏林的第二所外科医学校，后更名为德皇威廉医学院。
[2] "打鸣的公鸡"，是"植物苗圃"的一个学生协会名称。

因此被改写。东方紧紧地拥抱着他，直到他生命的最后一刻。他成了中国人民最忠诚的朋友，无论做人还是行医，他都竭尽所能。他懂得如何用最少的资源办医院，甚至进行细菌和血清的科研工作。他永不倦怠地帮助受苦受难的人们。为这一崇高的使命而奋斗，也成了他的宿命。为此他多年没能返回故乡。在他远方的故乡，也许只有极少数人还记得他。那就让我们在心里为他树起一座纪念碑吧，纪念他对工作的忠诚和兢兢业业，以及他那颗伟大而慈悲的心。

——埃米尔·费歇尔

发表在《东亚汇报》1936年4月16日的一篇报道中，记录了在重庆的德国人为纪念阿思密举行的一场追思会。在此要感谢柏林的柯尼先生提供的剪报：

> 3月8日星期天上午11点半，在渝德国人为一年前去世的阿思密医生举行了一场追思会。活动在文峰塔下阿思密家房子旁的美丽墓地举行。那是他生前自己选定的地方，现在已经有一座用优质石头筑起的坟冢。追思会上，在渝德国人集体捐赠了一块纪念石碑给阿思密遗孀，并把它竖立在墓地。石碑上只刻有死者的姓名和生卒日期。与会的大部分人是居住在重庆的德国人，还有一些英国人、俄罗斯人、瑞典人和奥

地利人也参加了这场追思会。

德国领事舍夫勒先生在致辞中概述了阿思密医生的为人和工作,尤其是他的朴实、无私和乐于助人。这使他让人难忘,同时也为他赢得了声誉和友谊。在场的人们用长久的默哀来表达对死者的怀念和哀悼。最后,舍夫勒领事又用英语对到场的外国人表示了感谢。

另外还有埃米尔·费歇尔发表的文章。1933年他在中国的旅行途中病倒了,让人抬着翻山越岭,走了560公里,来到重庆阿思密家。阿思密当时也同样病重,所以只写了诊断书和治疗方案,将他转到重庆宽仁医院。他在那里获救。

费歇尔在他的书《在中国旅行》中同样提到这件事。他回忆了两个"四川朋友",即阿思密和舒赫德。这二人在他生病期间给了他极大的照顾和帮助。

阿思密的墓地在他房子背后坡地的一棵松树下,面朝重庆城——那是他工作生活了二十九年的城市。

1939年2月9日,阿思密的夫人刘顺清因为严重的糖尿病和肺结核也病逝于重庆。按照她的遗愿,她被安葬在丈夫的墓旁。

—— 克丽斯蒂娜·阿思密

(关于阿思密行医和医院的内容来自德国外交部档案馆)

第二章　中国北方（1900—1903）

第一节　概述

关于中国的义和团运动，已经有很多专业文献进行了详细的描写和评述。事实上，经过鸦片战争、自然灾害、经济和内政等问题，以及殖民列强的入侵，拱卫着中国的高墙已经倒塌。

阿思密随部队于1900年10月抵达中国北京时，义和团运动已经平息。阿思密最初被安排在北平第六战地医院，后来又被派到廊坊和杨村的医院工作。

冯·施瓦岑斯坦也于1900年来到北京，在担任德国驻华公使的几年里，他对北京城及周边进行了游览考察，拍摄了大量照片。他用这些照片出版了一本《照片日记》，从中可以看出紫禁城、颐和园等北京地区从辉煌到衰败的变化。

阿思密也热爱摄影，他第一次到中国几乎没有留下文字记录，只留下大量照片，也可算作"照片日记"。从轮船停靠在斯里兰卡的科伦坡开始，他的摄影记录就开始了。他也在北京及周边拍摄了很多照片。在他遗留下来的北京时期的照片中，有些来自冯·施瓦岑斯坦。这类照片的文字注解里都有标明。

对于没有文字注解的照片，我借助冯·施瓦岑斯坦的《照片日记》、埃德的旅行指南《1900年的北平及其周边地区》等书籍，以及网上查到的那个时期的照片做参考，尝试着对照片内容加上注解。但有些相同的地方和建筑，拍摄者给出的中文名并不同，因此很有可能我给出的拼写也不正确。

—— 克丽斯蒂娜·阿思密

第二节　北京

天安门

紫禁城午门

慈禧寝宫门外的
青铜龙

颐和园石舫

颐和园荇桥

颐和园以宝云阁铜殿为中心的五方阁

北京的城门(一)

北京的城门（二）

北京的城门（三）

北京的城门内

北京城墙外

钟楼（冯·施瓦岑斯坦摄）

雍和宫入口处寰海尊亲牌坊远景

北京的城墙和墙外的民房

北京的街道

德国使馆区的北京俱乐部（中间的楼房）

北京火车站

皇帝大道（冯·施瓦岑斯坦摄）

北京人民在劳作

北京的城门（四）

远望北海公园的白塔

从新运河的闸门拍摄，远处可见英国公使馆

西什库天主教堂

德国公使馆

德国公使馆食堂

从操场看德国军官食堂(中间)和营房(冯·施瓦岑斯坦摄)

城墙下的德国士兵墓地

中国士兵(一)

中国士兵(二)

骑马的中国士兵

德国士兵和中国家庭

第6战地医院的邻居潘先生和夫人来拜访阿思密（右二）
（潘夫人手拿雪茄，长指甲戴着保护套）

德国士兵和中国人在一起

北京街景(一)

北京街景(二)

克林德街(今崇文门内大街)与东四街的交叉路口,远景可见煤山(今景山)

街头音乐队

街头杂耍

街头的犯人

在街上理发的人

北京居民

邻居家儿子是小演员

前使馆专员于宜（音译）家的孩子们

北京郊外的中国人

城墙下的骆驼队(买来的图片)

第三节 天津和廊坊

白河（今海河）上的中国官船

白河入海口的大沽炮台

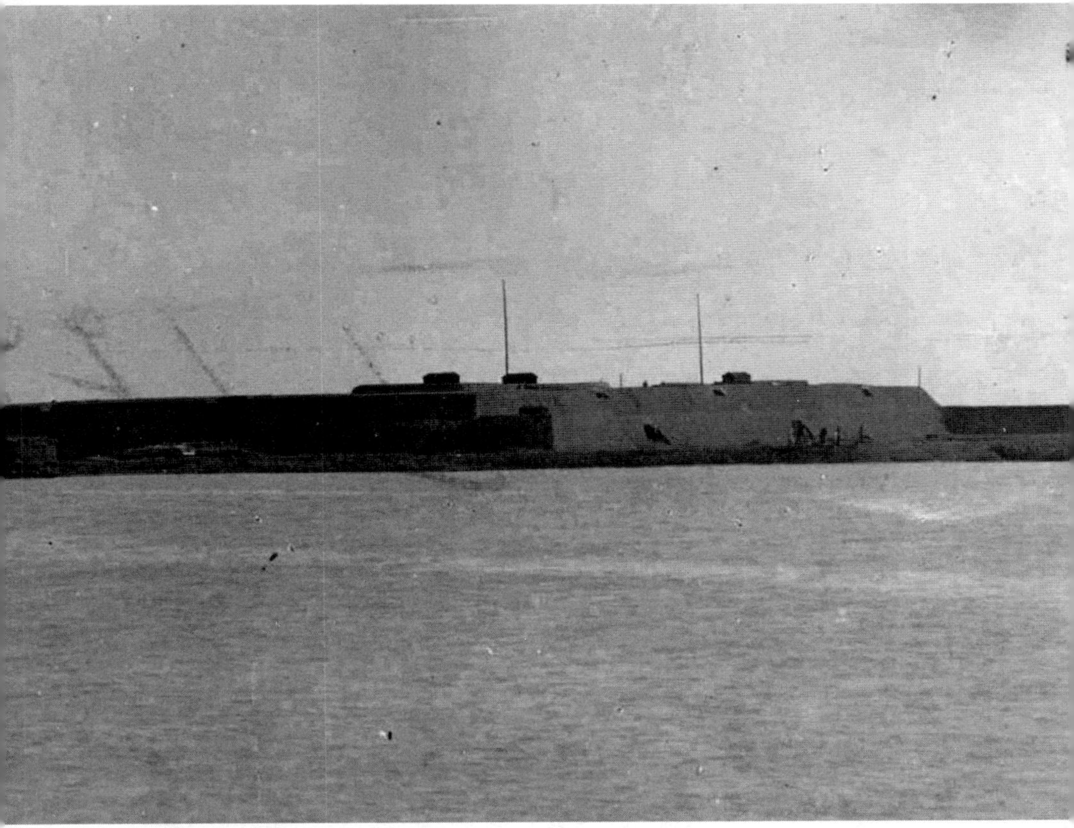

港口（一）

港口（二）

大沽炮台

廊坊火车站

看戏

廊坊

阿思密为中国人看病

中国孩子

中国陪骑者

廊坊附近

廊坊附近的石碑

第三章 穿越中国的旅行（1903—1904）

第一节 概述

北京的军事任务结束后，阿思密和甘寿计划南下经河南、湖北、四川、西藏、云南，从缅甸乘船返回德国。他们预计，整个行程需要104天，但旅途中发生的不可预知事件打乱了他们的计划。事实上他们多用了两个月的时间，于1904年3月才抵达科伦坡，从那里乘船，经过热那亚和那不勒斯，最后于同年4月抵达柏林。

1903年9月20日，甘寿从天津火车站出发，陪伴他的是年轻的中国男仆董焕江，他们也叫他弗瑞兹（Fritz）。董焕江上过天津的德语学校，会一点德语，因此也兼职当翻译。甘寿在书里还把他描写成一个诚实的记账员、手艺不错的理发师和厨师、可靠的采购员和能干的助理，他全程陪伴甘寿到德国。旅行之初，甘寿还带了一条名叫卡罗的猎犬、两匹当坐骑的蒙古马、两匹驮运行李的骡子。蒙古马在启程之前还被训练学吃高粱和玉米。

阿思密也带了一个中国同伴,名叫李富泽①,曾经是德国军营里的邮差。阿思密也带了两匹马,是为自己和李富泽准备的,还有一匹骡子用来驮行李。他们在廊坊等到甘寿后,就一起到北京。北京的德国军营,房间舒适,伙食可口,是他们这次中国行最后的安慰。

董焕江

离开北京的前一天,他们对马鞍、背包、皮带等进行了检查和修理,又补充采购了一些旅途必需品。在北京购物必须讨价还价,最后可能只需付对方要价的三分之一。

他们的旅行装备有:地图、指南针、无液气压计(无须用液体来测量空气压力的仪器)、温度计、蔡司双筒望远镜。由肉罐头、

---

① 李富泽,原文 Li Fu Zei。

豌豆罐头和几磅巧克力组成的30份军粮，另外还有驱虫粉、药品、烟斗、烟草、雪茄、香烟、衣服、针线盒、睡袋、毯子（毯子白天当马背坐垫），和配有400发子弹的88式短管卡宾枪、300发子弹的长管猎枪、50发子弹的手枪，以及天津道台写的介绍信等。

在所有行李中，最沉重的部分是近90磅①重的钱币。主要是一些小银块，即所谓的银锭。1银锭重1盎司或1英两，1英两银锭可兑换1000—1200文铜钱，具体多少由当地市场决定。铜钱的中间有一个方孔，用绳子或金属丝穿成两串，每串500枚。②

旅途中，牲口们乘船和火车等交通工具特别麻烦，这种麻烦来自双方。有时候，骡子不愿意上帆船过河；而有时候，比如在汉口，轮船又拒载马和骡子。他们不得不暂时分开行动，甘寿带着牲口走陆路，阿思密乘船过河，两人约好到下一个地点会合。但分开不久，甘寿就发现，无论他怎么走，仍然必须过汉江。这次是牲口们拒绝登上帆船。无奈之下，甘寿只好带着牲口又返回汉口。在汉口，他又碰到阿思密。阿思密因为偶遇了另一位德国人——上尉迪兹，因而耽搁下来。迪兹上尉也想加入他们的队伍，于是他们决定同行。最后他们不得不把牲口卖掉，只留下三匹驮货的骡子，才被允许登船过河。

他们经常以鸡肉、自己射杀的鸽子和野鸡等来补充营养。驮着

---

① 磅与下文的盎司、英两等都是英制重量单位，译者遵从原文未换算。
② 清政府发行的铜钱，不是铸压而是浇造而成，由80%的铜，20%的铅、锡或锌组成。

银锭和铜钱

钱箱的骡子走丢了几次，但每一次都被找回来，钱箱均完好无损。

在万县，他们遇到中国内地会的传教士泰勒及其夫人。泰勒夫人烤了些面包送给他们作为路上的干粮。在成都府，英国领事霍司接待了他们，还邀请他们共进晚餐。他们从霍司和法国宣教团主教那里得到了一些关于旅行的宝贵建议。

1904年7月16日，阿思密在柏林做了一场关于这次旅行的报告（即下一节）。报告全文发表于《民族学》杂志第37辑（1905年第4期），并配有阿思密拍摄的多幅照片。

——克丽斯蒂娜·阿思密

第二节　穿越中国的旅行

1903年盛夏，当德国"东亚远征军团"收到来自德国的通知，自1900年在远东服役的部分军官将被替换回国，甘寿少尉（"东亚远征军"第1兵团的翻译官）和我（第2兵团的中尉医生）就计划，请德皇陛下给我们一个旅行假，允许我们在中国北方服役三年后，也去看看这个有趣国家的美丽南方。

遗憾的是，我们的旅行准备很不充分，地图是最小比例的。只标出了各地区的大致位置，甚至没有街道。后来的事实证明，它标出的距离也不准确，这导致我们对旅行所需的时间出现巨大的估算误差。因为没有科研考察目的，我们只带了常规旅行所需的指南针、气压计和温度计等小设备。当然，我们的财力也不够支持我

1903年盛夏的阿思密

们沿途进行科研考察。我们还尽可能地减少了个人装备，希望三匹骡子就能驮运我们所有的行李。另外，我们还雇请了两名来自天津的中国男子一路陪伴和照顾我们。

我们足足带了87磅银锭上路。这是中国的现金，也是我们一路上最沉重和最麻烦的行李。每一次付款，都要先称银锭的重量，找回的零钱是铜钱。铜钱的中间有一个方孔，用绳索或金属丝穿起来。一两银锭的价值大约等于2.7德国马克，根据地方不同，能换1000—1200文铜钱。这些铜钱的重量约7.5磅。如果在中国旅行，必须随身携带大量铜钱，以免总是换钱或被骗。所以，这些钱也成了我们旅途最大的累赘和担忧。

射猎后的甘寿

给养方面，我们只带了30份军粮（肉罐头和豌豆罐头），还有几磅巧克力。因为我们希望，旅行的大部分路段我们能就地解决食物问题。

1903年9月22日，我们在北京登上南下的火车。这条卢汉铁路是从北京通往扬子江边的汉口，以后还会跟广州通往汉口的广汉铁路联结起来。到那时，这条贯穿中国南北的铁路，不仅将引起中国巨大的经济革命，还会拉近中国北方和南方各省人民的关系，甚至唤醒现在只有极少数聪明脑袋才有的民族观念，从而让一盘散沙的中国人产生民族情感。谁知道呢，也许它还会促进中国的统一。这对于欧洲侵略者而言，可能将是一场大灾难。

第一天，我们行驶了整个已经完工的铁路段，经过了当年的义和团据点保定府，向南疾驰了350公里，晚上抵达顺德府①。在那里，我们得到了修建这条铁路的工程师们——几个比利时人和法国人——的盛情款待。

接下来，长征开始了。我们沿着所谓的御道前行。这也是1902年1月慈禧太后率领两宫返回北京的大道，沿途已架有电报线，每5公里就有一座废弃的岗亭或塔楼，上面标有显示距离远近的阿拉伯数字。这是一片平原地带，按中国花园的方式精心种植和灌溉着植物，主要生长着玉米、高粱、大麦和棉花。再往南，我们还在水源丰沛的地方发现了水稻。这个地方给人的印象，就仿佛是北京的郊外，到处都是庄稼地，只在有村庄的地方才有些树林。

---

① 顺德府，今河北省邢台市。

乘帆船过黄河

　　每个村庄都有客栈，我们就在客栈过夜。通常是极其简陋肮脏的小房间，里面到处是臭虫。但我们别无选择。为了能轻装前行，避免行李过多，我们没带帐篷。经过几天的步行后，我们来到黄河附近。荒凉贫瘠、沙漠般的大片土地，让人联想到洪水频繁泛滥的情景。一次又一次的水灾，导致这里的黄河两岸人口锐减。绵延十几公里的土地，都被漫漫的黄沙和黏土覆盖。

　　当时正是枯水期。巨大的河滩和堤坝告诉我们，眼前这条约1500米宽的浊黄的河流会变得怎样狂暴肆虐，席卷一切。这一天我们抵达了开封府——河南的省府。我怀疑河南人是一个容易冲动且好斗的族群，抢劫似乎司空见惯。因为我们遇见很多商队，每一支商队都有全副武装的保镖队同行。即使是普通人，独行者也随身携带着剑或长矛。它们既是护身的武器，也是挑运行李的工具。也许因为这里常有修建铁路的外国工程师，当地人对欧洲人已见惯不惊。只有一次，我听见有人朝我们喊"洋鬼子"。

这里的环境乏善可陈。我们没有逗留，只继续赶路，于1903年10月5日抵达卢汉铁路南段的西平。在铁路工程师们的热心帮助下，我们从这里出发，三天时间就到了扬子江边的汉口。

在汉口，我们遇见了"东亚远征军"的迪兹上尉。他加入了我们的队伍，与我们同行了很长一段旅程后，才又离开。我们在汉口逗留了8天，为接下来的旅行做些必要的准备工作，然后乘船逆行扬子江，到了宜昌。贝茨博士在宜昌，我们在北京时就认识了。他是德国驻北京大使馆的翻译，也处理一些大使馆的事务。

到宜昌后，我们不得不再次调整和重组队伍，因为接下来得翻山越岭，有的路段崎岖陡峭，驮运行李的牲口无法行走。我们听了当地人的建议，把行李都转移到竹担架上，又雇请了两个挑夫。但我们没听当地人的另一条忠告，仍然留下三匹骡子。很快我们就意识到这是自以为是的错误。

我们选择的是一条穿过扬子江南部群山的陆路。路的方向与山脉的走向大多呈直角相交，很少有可以沿河谷行走很久的平路，大部分是爬山的石阶小路，再沿山脊继续前行，间或拐到另一条

从宜昌开始，必须请人用担架抬行李

山脉，多是陡峭的悬崖，或蜿蜒或笔直下到山谷的另一边。该地区奇峰耸立，沟壑险峻，风景如画。布满乱石的河床把山脉彼此隔离开来，不时有造型美妙的木桥或石桥，带着高高的桥拱，很艺术地横跨在流水稀少的山涧峡谷。

我们行走的路，被当地人称为"大路"，意为该地区的官道和商道。事实上，大部分路段都很狭窄，用石板铺成的路面大约只有1.5米宽。"大路"穿过山谷的水稻田，又随山势而上，变成没有尽头的长长的石阶路，在杂草丛生的山坡上蜿蜒爬行。这些地区要么浓雾弥漫，要么阴雨绵绵，空气十分潮湿，导致石板路面湿滑难行。可怜的骡子几乎总是滑倒，在跌跌撞撞中艰难前行。

阿思密一行的队伍

大路上的运输队

由于中国人通常只在交通完全中断后才修路，这就导致了这条"大路"的有些路段坍塌失修，相当危险。例如，有的路段路面没有石板，有的路段陷入稻田的泥淖，行人必须小心翼翼在泥淖里蹚过，随时可能跌入水稻田中。在另一个地方，这条路在10—15米高的陡峭山壁里延伸，一些铺路的石板已经掉入深谷，但还有人在上面从容走过。当地的居民和官员都认为：既然这路还能走，为什么要花钱去维修它呢？

令人吃惊的是，这条路上的交通十分繁忙。所有的货物，包括人，都可以在这条路上被运输。骑马的人是二等旅客，步行者的地位最低，他们根本没有资格向客栈老板和其他旅客提任何要求。被运输的货物和人，通常是用扁担挑、背篓或者背架背。在这里，可以看见中国内地最流行的运输工具——竹筐和背架，鸦片、棉花、盐和烟草，是他们运输的主要货物。

当地多为小山村，通常是一排房子依山而建，"大路"有时候还会穿房而过。到了晚上，人们关上房门，夜里的交通就被切断。尽管是偏僻的山野之地，客栈相对还不错。据说就在一年前，有个高官在赴任途中经过这里，沿途的客栈都被装修一新，做好迎接高官的准备。我们很幸运，入住了为高官准备的客栈，房间里的桌子、椅子和铺有草席的床，几乎都原封未动，只是积满厚厚的尘埃。

但照明依然是问题，并没有得到很好的解决：客栈里唯一的照明设备，只是一盏装有油的小碗，一根用棉线或灯草做成的灯芯部分浸泡在油里。蜡烛属于奢侈品,只有富人才买得起。我们随身带了一些中国灯备用。这种灯是用一根木棒或者竹棍包裹着灯草做成的灯芯,浇上动物油脂后再让它凝固。它被点燃后会冒浓烟,气味难闻,发出的光也不够亮堂。但中国人坚持用这种方式做灯,而且,这种灯还是奢侈品,地方官员会把它当贵重礼物,赠送给有地位和身份的旅行者。

一路上,适合欧洲人胃口的食物很少。猪肉很难买到,我们常吃的是鸡肉、鸡蛋和米饭,但通常价格昂贵。当地的居民和挑夫主要吃米饭、豆腐和蔬菜。在地势较高的村镇,根本没有大米,人们以玉米为主食。这里的人有抽鸦片的恶习,无论男女,几乎每人都抽。如果有人在房间里抽鸦片,你在几百米外就能闻到。在客栈,我们不得不经常提醒其他客人把鸦片烟熄灭,以免那甜丝丝的烟味影响我们休息。

但这些人身体很健壮,大多数是中等身材,宽肩,敦实。男人们穿宽松的裤子,长及膝盖。肌肉发达的小腿打着绑腿,脚穿草鞋。女人的衣着打扮跟北方的女人相似,她们也有裹脚的陋习,通过用布带裹脚来扼制女孩的双脚自然生长。我们还以为,南方的中国人不会让女孩裹脚,然而,即使到了云南的南边,这样的幻想也破灭了。但相对于北方,南方的妇女和姑娘们显得更可爱,身体营养也更好,性格更加活泼开朗,也不那么胆怯和害怕陌生人。

这里属于亚热带气候区,植被多为竹子、棕榈树、香蕉和巨大

山里人家

客栈

湖北的木桥

湖北的万利桥

湖北的小河

这样的路被中国人称为"大路"(路在图左)

农民用水牛犁田

的蕨类等植物，它们与各种针叶树木相邻而生，比如挪威松、红杉、崖柏、松柏等。相比起来。落叶树就较少了，只有些橡树和栗子树。但有一种落叶树比较多，这种树的果实能榨取桐油。这种油的用途非常广泛，是市场上的主要商品。在所有地势较低和水源充足的地方，都有一层一层种满水稻的梯田；而在较高的山坡和干旱地区，则种玉米。其他农作物主要是豆类和辣椒。辣椒红艳艳的，像一条条精美小巧的彩带装点在村庄的房屋前面。

经过19天的长途跋涉，我们又回到扬子江边，到达万县。万县位于扬子江中部最危险河段的上游。这条河段在万县和宜昌之间，水急滩险，暗礁密布，行船极不安全。我们19天的翻山越岭，正是为了避开它。万县也是进入四川的门户，不少商贩从这里入川或者出川。四川是中国最富裕的省份之一，资源丰富，有很多重要的工业，其中最著名的是丝绸业，农产品主要有大米。

从较低的山梁上望出去，绿色的田野就像一片大海。那些被竹林和树木掩映的村庄，就像大海里的一座座岛屿。有几个地方是产盐区，盐水从很深的地下被竹筒抽出，加以蒸发。用这种方式提取的盐，有的被净化，有的没有，都销售广泛。这些盐井都属于当地居民，但很遗憾，我们尚不知晓他们是如何合作运营的。

以竹子为原料的造纸业，也是这地区的一项重要工业。他们先把竹子放进坑里，用石灰泡软，然后压碎打磨成浆，把浆倒进大盆里，再用细密的金属滤网舀起一定量的浆，让水流尽，剩下的浆在滤网上均匀铺开，凝固干燥后，变成薄片，再小心地揭掀起来，就是一张粗糙的纸了。陕西省是这些纸的大买主。这些纸还被运到北京，被涂成金色和银色，作为祭品用于葬礼，或作为饰物装点婚礼。

这里的房子常常被粉刷得很美，山墙上经常饰有龙、鱼和神兽，有些是画的，有些是浮雕。在当地的风俗中，位高权重的官员离去或者死后，人们会为他竖立光荣门，即牌坊或牌楼，以示敬仰和纪念。有的牌坊和牌楼很气派华丽，由雕刻精美或绘有彩画的石块砌成，上面还刻有铭文，向后世彰显主人的美德和功绩。

四川人喜欢把死者埋葬在山坡上，在通往墓地的路口，再建一座漂亮的彩色石门。这样的墓地往往让人感觉亲切。有一座墓还竖有十字架和基督像。在中国人的墓地里，这墓显得与众不同。我猜想，那下面埋葬的一定是个基督徒。

被上天庇护和保佑的四川省，其最富裕和土地最肥沃的地方，是岷江流经的平原。省会城市成都府就坐落在这片平原上。平原的四周是并不太高的山丘，山丘上遍布长势茂盛的橙子园。在旅行者的眼中，这里就像一个水草丰美的大花园。据说在很久以前，一位颇有声望的皇族官员通过修建巨大的水利工程，将流经平原西北的岷江强行分道，形成无数大大小小的水渠，让它们像网一样在这平原上四通八达，灌溉农田。细长的石板路穿过种满庄稼的田野，川流不息的人们在路上忙碌，装饰华美的轿子，吱呀作响的独轮推车，吊着铃铛的马和骡子，在这路上来来往往。这一切都意味着繁荣和生机。离成都府越近，路上越热闹。

成都府位于这片广袤肥沃的平原中部，是中国最有趣的城市之一。由于四川省的周围有群山阻隔，入川和出川的交通极其不便，又远离沿海，这里尚未受到西方文化的侵扰，还高度保留了中国古老的传统文化。没有哪座中国城市像成都府这样，给人留下如此深刻难忘的好印象；也没有哪座中国城市像成都府这样，几乎不见衰败、肮脏和疏于管理的迹象。在中国，任何其他地方，你都看不到这般穿戴整洁的人民；你都不会像在这里，能免于被残疾人和乞丐

四川的牌坊（一）

纠缠骚扰。这里的一切都打着富裕、勤劳和智慧的烙印，商铺鳞次栉比，手工作坊一家紧挨着一家。这里是一条皮货街，那里是一条鞋匠街，还有一条街全是出售昂贵的金银制品的店铺。在一条长长的商业街中间，不时会出现政府衙门华美又气派的大门，大门两边还耸立着威严的石狮。成都府是四川省政府的所在地，也是中国政府各种行政机构的集聚地。现在，西方文化也终于来了——英国和法国都派了他们最优秀的总领事到成都府，因为他们发现，这里十分富裕，人民也很有进取精神。

最近几十年来，英国人和法国人一直在竞争。他们一个从缅甸、另一个从东京①，要开辟一条通往云南和四川的公路，以便开

---

① 东京，原文 Tonkin，法语，指今越南北部，红河三角洲一带。

四川的牌坊（二）

发这里从未被开发的宝藏。他们在成都府除了建有领事馆，还设立了不少传教机构。法国人在这里的影响似乎最大。据说，成都府及其领地的一小部分地区，已经很奇怪地属于法国宣教团。法国甚至派了一名海军军医在这里驻扎，这是别的国家没有的。这位名叫勒让德的海军高级医生是教会医院的负责人，但他还想建一座独立于教会的法国医院。

丝绸工业在成都府占据着主导地位，烟草、棉花、水稻种植，也是成都府的重要产业。令人吃惊的是，在这里还能买到很多西洋商品。我们在两家中国人开的商铺里，发现能买到雪茄、葡萄酒、缝纫用品、德国灯、苯胺染料、可可、巧克力、儿童玩具等。总之，

成都的店铺

美国和欧洲的许多奢侈商品都能在这里买到，尽管内地的关税很高，这里距离商品进口的海岸超过了1000公里，但每件商品只比在上海大约贵了30%。

1903年12月1日，我们离开成都府向南方前行，继续穿越平原，到达高原的脚下。在天气晴朗的时候，高原上白雪覆盖的山顶像在远方朝我们招手。通过各种各样的桥和渡船，我们穿过无数河流和小溪。这些河流和小溪最终都流进了扬子江。经过五天的步行后，我们来到雅州① 地区的主茶场。茶场在雅河边，河面漂浮着一排绑捆在一起的竹竿，竹竿上搭了些木板。我们摇摇晃晃

---

① 雅州，雅安的古名。

地走过这座木板栈桥，过了雅河。

这里整个地区都种植着茶树。除此之外，漫山还生长着一种野生茶，即雪茶，也叫藏茶，它的叶片和嫩芽会被收集起来，加工成茶叶卖到藏区。雅州有很多茶叶作坊和商号，从事这种茶叶加工。他们主要通过发酵和熏制方式，对采集来的新鲜茶叶进行处理，然后用很原始的手工方式，把加工处理后的茶叶挤压成2—5磅重的茶砖或茶饼，再把它们每四块或五块缝在草垫里，让背茶工背走。在通往打箭炉的路上，背茶工的队伍络绎不绝。他们背上的茶包常常大得令人吃惊。一个成年男子通常背着190—220磅重的货。我们甚至还看到有人背着300磅甚至更重的货。茶包被一层一层地码放在货架上，最上面的茶包像拱顶一样，高高耸立在背茶工的头上。他们用绳子把茶包固定在货架上，让高耸的货物获得平衡。

每个背茶工手里都挂着一根包裹着铁皮的木拐杖，拐杖的形状就像小型丁字冰镐。行走的时候来支撑自己，休息的时候用来支撑茶包。背茶工的人数如此之多，在这条路的大部分路段，那些坚硬的石梯和石坡上，都留下他们用铁皮拐杖戳出的一排排凹痕。

这条路经过了两个令人难忘的山垭，都在海拔3000米以上。其中的一个是飞越岭，其行走难度甚至超过了靠近藏区的比它更高的山垭。我们在浓雾中的狭窄山路上攀登了差不多五个小时。

四川的河（一）

四川的河（二）

四川的河（三）

从竹竿浮桥上过雅河

飞越岭

山路先是又湿又滑,布满泥泞,然后又覆盖着3—4英寸厚的积雪,有的积雪已凝结成冰。挑夫们的身影像幽灵,在浓雾中时隐时现。突然传来一阵铃声,原来迎面来了一支骡队。他们是从兰州府来的陕西人——已经走了很远的路程。

因为路面的积雪常有结冰,我们都在鞋上套上冰爪,以防滑倒,掉进路边的深渊里。浓雾弥漫,深渊深不见底,无法估算有多深。山垭的上面有座小庙,是暂时躲避刺骨风雪的避难所。风雪使小庙的门柱和墙壁都覆盖着冰碴,也把这里唯一的现代文明标志——通往打箭炉的电报线,变成了一英寸厚的冰棍,上面还挂满冰凌。在这里的墙上,我们第一次看见藏文。后来才知道,那是藏区无处不在的六字真言:唵嘛呢叭咪吽。

当然,这里根本不可能骑马。我们那几头可怜的牲口没在这条糟糕的路上摔得粉身碎骨，已经是万幸。如果你读过洛克希尔写的《喇嘛之乡》①，你就知道，这位探险家说，他没有任何困难就轻松登上这个被中国作家描写得十分可怕的山垭。但你别忘了，洛克希尔是在盛夏时节经过这里。现在我完全同意中国作家的说法。

走完这段相当辛苦的行程，我们来到大渡河边。大渡河也叫铜河，过了河，就是藏区。河对岸，无论是山脉的走向、形状和岩石类型，以及居民的服饰和生活习惯，都开始呈现出与中国内地截然不同的特征。在泸定，我们从一条著名的铁索桥上过了河。根据汉口宣教团伊约内斯传教士的说法，这座铁索桥可谓声名远扬，谈之无不色变。

铁索桥有9根铁链拉扯在两座桥头之间，横跨水流湍急的大渡河。铁链长125米，9根并排有3.5米宽，高出河面三四十米。单薄的木板仅仅是横向固定在铁链上，是否牢固可靠很成问题。尽管桥宽3.5米，但仍然感觉非常逼仄，两边的护栏细而稀疏，给可怜的旅客带来的安全感几乎可以忽略不计。整个过桥的过程堪称"惊心动魄"，因为你只要朝前走几步，悬空的桥面就开始晃动，上下垂直颠簸，或者前后左右摇摆。与此同时，脚下单薄的木板在晃动中弯曲和移动，大有从铁链上滑落的危险。有一处还少了

---

① 威廉姆·W.洛克希尔（William W. Rockhill，1854—1914），中文名柔克义，是美国近代东方学的代表人物之一，其研究领域涉及藏学、汉学以及蒙古学等方面，著述颇丰，有《喇嘛之乡》(*The Land of Lamas*)。

铁索桥

一块木板！透过木板间的缝隙和稀疏的护栏，能一眼就看见桥下，大约40米深处的大渡河，绿色的冰冷河水在咆哮奔腾，似乎要一口将人吞没。

如果你恐高或者会眩晕，请远离这里，或者蒙上眼睛让中国人背你过桥。我们的牲口一头一头地慢慢走过去，没有问题。但我自己问题很大。必须承认，我只是靠着不断的心理暗示来增加信心和勇气，打消害怕的念头。我对自己说："这里每天有数百人过桥，而且多年如此。他们行，你为什么就不行呢？"于是我也过去了。

这样的桥，我们在云南又遇见许多。有些桥头还建有装饰漂亮的房子。

从泸定向北，我们行走了一天，来到打箭炉河的瓦斯沟。从打箭炉流来的小河在这里汇入大渡河。沿着这条小河里的峡谷，我们踏上一条崎岖的山路，爬上2500米的高处，进入青藏高原。

打箭炉，位于大约北纬30度、海拔3000米、距海岸线1500公里的荒野石山上。最高最陡峭的那座山峰终年积雪，被法国传教士称为"棉花帽"。

这里的建筑和公共设施完全是中国内地风格，但人口和交通模式又呈现出藏区特色。在狭窄的巷道，随处可见披裹着红色羊毛长袍的光头喇嘛。身着豹纹毛边皮袍、头戴金色刺绣皮帽的藏族土司，带着他们衣着不那么得体的随从在逛街购物。由于中国内地的妇女和姑娘很少在外抛头露面，我们就猜测，这里户外可见的女性八成是当地人。但她们的衣着打扮并不是纯粹的藏式，而是汉藏混搭。她们的脸型和不怎么害羞的举止，又很容易让人联想到北方的满族女性。

在东门，背茶工几乎是源源不断地涌进城。他们在城门前停下来，向中国官员缴纳"厘金"，即进城税。这里的茶叶交易主要被雅州的茶商垄断，但也有些来自云南丽江的商人，他们被称为"云南客"。另外还有一些来自陕西兰州府的客商。

茶叶在这里被重新包装，缝进兽皮里，再用骡子、马和牦牛驮

背茶工

运到藏区。在西门,每天有超过100头牲口的商队出城。据当地的关税署统计,仅仅通过这条路线,每年就有大约1350万磅茶叶被运往西藏。

打箭炉周围的地区被叫作"甲拉"①,居住着一个藏族部落。他们自称"蛮甲"②。这个部落有自己的土司,他全权统治着这里的所有藏民,像个大法官。但在行政上,这里归打箭炉的道台管辖。土司在城里有非常有趣的宫殿,宫殿里还有一座宽敞的喇嘛庙,

---

① 甲拉,原文 Chia-la。据考证,打箭炉(今康定)地区当时是明正土司的地盘。也许这个拼写是"明正"的藏语发音或者误写。

② 蛮甲,原文 Man-chia。

前往打箭炉路上的河

庙里有一幅很漂亮的"生命之轮"图。遗憾的是，我们不被允许在宫殿里拍照，因为土司虽然不在现场，但他是西方"摄影魔术"的抵制者。一个名叫索伦森的挪威人，是中国内地会的传教士。他在这里已经驻扎了两年左右，并按当地风俗，通过交换父母和祖父母的名帖，跟土司结拜成兄弟。索伦森先生告诉我们，打箭炉周围的山上有很丰富的金、银、铜等金属矿藏，人们只要淘洗这里的河沙，就能淘出金子。但土司禁止对这里进行任何开采。

在当地人看来，金子是生长在地下的。它的根，即金脉，就长在地下的岩层里。如果对含有金脉的岩层进行挖掘开采，就会毁了金子的根。因此他们只在山上挖很浅的坑和隧道，一旦有塌方等任何事故发生就立即停工。他们认为，是地龙对人类的入侵发怒了，才会让土地塌方或者让水灌进来。

在打箭炉，必须重新装备我们的队伍。前方等待我们的是高原，气压相当低，人工搬运已不可能。通过索伦森先生和打箭炉法国主教吉朗多的帮忙交涉，我们获得了使用乌拉的宝贵特权。

乌拉是一种徭役，由部落成员向土司无偿提供，以抵他们应该缴纳的土地税。所有奉公出行的差吏，尤其是安班，即代表中国皇帝被派往拉萨的驻藏大臣，从一个驿站到另一个驿站，都能享受乌拉待遇，即由当地老百姓提供驮运行李的牲口和脚夫，以及人畜的口粮。

如同在中国的其他地方一样，这里即使是政府官员，也要支付牲口和膳食的费用。也跟其他地方一样，途经这里的官员只是可能会付费，但他的随从肯定会被敲诈一笔更高的费用，即被当地人以各种借口进行勒索。然而，私人旅行者支付的费用则比较低。我们只需每天为每头牲口支付大约80分尼。这于我们很划算，因为我们总有体力充沛、适应高原山地的牲口可使用，还无须担心饲料运输。如果某头牲口不行了，马上会换上精力充沛的备用牲口，而不会有金钱和时间上的损失。

大家都穿上皮袄后，我们又把行李都放进皮制的包里，再把包裹放到骡子、马和牛的背上。1903年12月19日，我们离开打箭炉，向西藏前行。

中国朝廷维护着一条交通干道，在打箭炉 — 理塘 — 巴塘 — 拉萨这条线路上设置了许多大小不同的军事哨所。但这片土地是开放的，它依旧被藏族土司管理着。土司跟朝廷派来的官员有依赖关系。实际上，这片土地的真正主人是喇嘛。虽然喇嘛又分多个教派，但他们都来自藏民家庭。每户藏民家庭的第三个儿子，有的地区甚至是第二个儿子，必须出家当喇嘛。在喇嘛和普通藏民之间，有一种持续而隐秘的对抗。这种对抗经常表现为血腥斗争。就像西方的中世纪，修道院知道怎么通过捐赠、土地出租和借贷来剥削农民，让自己致富，并对世俗事务产生巨大的影响力，这里的喇嘛寺院也如此。无论过去还是现在，在西藏的喇嘛僧人和普通藏民之间，以及各个喇嘛寺院之间，也纠纷不断。即使在今天，敌对的喇嘛寺院之间还时常发生流血冲突。

乌拉的牲口由喇嘛们照料。他们为牲口提供饲料，为旅客提供肉食、大米、面粉、黄油和盐，但旅客必须从他们手里购买兽皮口袋来装这些东西。我们经常听到官员说："啊，我必须派人去喇嘛庙看看，我可没有可用的牲口！"但如果你给他钱，他就什么都有了。

然而，我们在白天几乎做不成任何交易，即使是一件藏族首饰。当天色渐暗，夜幕降临，那些神秘的货物才大量出现，甚至供大于求。遗憾的是，大多数的要价仍然超过了我们的财力。当他们意识到我们并不想去拉萨，就不再纠缠我们。

喇嘛们真是无处不在：他们在这里骑马上山，手里不停地转动着小经筒，率领一队人马穿过原野，也许是给偏远的寺院送给养；那边他们又在独自游荡，或许是去某处牧村"敲鼓"，即举行某种宗教仪式。几乎在每一个较大的牧区，这些僧人都会围坐在火堆前。这让我们有时很苦恼，因为天气非常寒冷主人却不允许我们和这些"圣人"在同一堆篝火旁烤火取暖。

由于先前听了传教士的介绍，我们对藏区山路的崎岖难行已有足够的心理准备，但现实还是超过了我们的预想。第二天，我们沿一条万丈峡谷边的小路攀登。小路非常逼仄，一些路段还有积雪，而且越往上走越惊险。它突然消失在一片乱石中，然后穿过一片冰雪覆盖的沼泽地，最后又是一个接一个的急转弯，盘旋着，延伸到5000米高的风暴肆虐的山垭口。

空气稀薄，人和牲口每天都感觉越来越难受。在这样的高度攀登爬行，肺和心脏都承受着巨大的挑战，只有非常缓慢的移动和频繁的休息，才有可能继续攀登。即使是习惯了高原生活的藏民，也承受着空气稀薄的折磨。唯有牦牛和黑藏牛还能正常前行，不像我们动一动就气喘吁吁。

峡谷被森林覆盖，以针叶树为主，也有桦树、橡树、月桂树，在河畔和溪流边还有柳树和白杨。被篝火无意中引发的森林火灾，在这里似乎经常发生。但对森林更大的破坏，来自一种苔藓类植物。它们长长的绿灰色地衣从所有的树枝上垂挂下来，扼住了树木的生长。只有在海拔4000米以上，才没有树木。我们在冰层覆盖的碎石荒滩上艰难前行，四周是白雪茫茫的原野。但我相信，如果是夏天，这里将是芳草萋萋的高山平原，到处是低矮的石楠和金雀花，那景色一定美不胜收，令人陶醉。

这一路的山垭口几乎都有碎石堆，石堆上插有彩色小旗，有的小旗上还有文字。每一个从石堆前走过的藏民都会低声祈祷，或者更加使劲地旋转手里的小经筒，再往石堆上放一块石头。

几乎每一天，我们都会碰到或者超越上百人的大商队。他们要么把茶叶运往西藏，要么把西藏的物产运出来。商队的人大多数骑马，包括妇女和姑娘。她们骑坐在牦牛或者小马上原本属于男人的座位，一点也不感觉羞涩。事实上正相反，从男人们哈哈的笑声和她们咧嘴大笑的脸上，我们意识到，这些美女显然是在取笑我们。

骑手们的马镫很短，他们在马鞍上放很多层毯子、披氅或袋子，高高地坐在那上面骑马。富人的马辔还饰有很多金属挂件、贝壳、动物尾巴和彩色方巾。这些马的体形都不大，毛很长，性格倔强，即使在糟糕的路面也能坚持不懈地行走，而且随遇而安，没有什么特殊要求。

藏民的服装在新的时候也许还不错，但当你看见它们时，通常已经无法形容。他们衣服的主体是一块又宽又长的羊皮，羊毛

骑马的藏民

下马休息的藏民

朝内。羊皮长及膝盖，腰间再系一根腰带。腰带以上形成的褶皱像袋子，里面用来放些日常用的小东西。富有的上层人全身佩戴大量珠宝，硕大的银戒指镶着红色或者绿色的半宝石，耳朵上戴着大吊坠，皮袍和衬衣上都是银扣和其他饰物。

他们的发型各不相同，有的让满头的黑色卷发完全自然地披散垂落，有的留着齐眉的刘海，还有人把两侧头发编成辫子，沿太阳穴往下垂吊着。而大多数人则用彩色丝带把头发编成一根粗大的辫子盘在头上。作为特殊的发饰，他们喜欢在丝带上穿些硕大的象牙环或银戒指。几乎每个藏族男子都会随身携带武器，一把长剑斜插在腰间有雕花银壳的木鞘里，背上再斜背一把带双叉尖刀的长管火枪，胸前还挂几袋火药粉。

他们还喜欢佩戴玫瑰念珠，佩戴银制的小佛盒，即所谓的嘎乌盒。他们不断地对着它念经祈祷，同时旋转手里的小经筒。跟人打招呼时，他们就把舌头伸出来，竖起大拇指。

藏族妇女跟男人一样也穿皮袍，但她们的皮袍比男人的短，下面配"布鲁"①，即彩色羊毛百褶裙，靴子则跟男人的相似。她们的发型变化也很大。打箭炉的姑娘们头发从中间分杠，编成一根辫子盘在头上；理塘地区的女子发型很复杂，她们喜欢把头发编成很多铅笔粗的小辫子，用一串琉璃珠、象牙珠或琥珀珠，把辫子在

---

① 布鲁，原文 Pulo。

理塘地区的藏民（一）

背后松弛地拴在一起，再从头顶垂下三根黑色的宽丝带，丝带上经常缀有直径约20厘米、中间有孔的银盘。

有些女子还把银盘高高地别在头部两边，就像古代挪威人头盔上的雄鹰翅膀。还有人让一绺较宽的卷发沿鼻梁垂落，齐鼻尖剪断。在巴塘的一次舞蹈节上，我们看见姑娘们浑身戴满饰品，比如珍珠项链、银制佛盒等，头发用无数丝线编成十分复杂的粗辫子，头顶还戴着染成黄色的巨大羊皮宽檐毡帽。在有些地区，大型珊瑚枝作为首饰很受欢迎。在阿墩子①，姑娘们头戴红色织物编

---

① 阿墩子，原文 Atentze，今属云南德钦。

理塘地区的藏民（二）

成盘状的头巾。

　　我们经过的地区，只有很少的农业耕地，但牛群、羊群却很多。饲养牲口的藏民大部分是游牧民，住在帐篷里。但在有些地区，你也能看见像堡垒一样黑乎乎的房子，用巨大的方形石头或黏土块垒成，有两三层楼。这种房子的底层只有一道门，进去是一个院子，四周是一圈开放的牲畜厩。一段原木楼梯，通常只是一根带有凹槽的树桩，通向二楼。从围绕底层院子的一圈平台上，可以进入二楼的每一间房。房间里没有家具，只在中间有一个火炉，采光是通过墙上的一个洞，那也是一扇始终敞开的窗。天花板上也有一个洞，是排烟口。尽管这样，烟雾还是常常弥漫整个房间，

理塘地区的藏民（三）

把我们两个可怜的欧洲人呛得泪流满面。

只有富人家的房子中才有厨房，明亮的铜餐具、华丽的黄油搅拌器和灶上的茶壶都闪闪发光。在灶台后的墙上，通常还有一尊被烟熏黑的佛像。佛用温和的表情宁静地俯视着眼前尘世的烟火生活。照明是用松木火炬。从这层楼有一段同样简陋的原木楼梯通向屋顶，那上面堆放着干草和秸秆，还有经幡在风中飘扬。有的房子在这层楼与屋顶之间，有一道夹层，主要由家里的女眷居住。在更偏远落后的地方，我们住过用石头砌成的狗舍。与之相比，这样的藏族房子堪称宫殿，尤其在木材丰富的地方，他们甚至在楼上用粗大的木料搭建出了小木屋的风格。

有些房子里有一长排转经筒。如果转经筒静止不动，藏族信

阿墩子的藏民（一）

阿墩子的藏民（二）

徒们就会让它们又旋转起来,以此方式为自己"积德"。我们还看见用风力和水力来驱动经筒旋转的,那是真正的风式转经筒和水式转经筒。

还有一些宗教风俗也值得一提:在藏民的村庄附近,路边常有小石头垒起的棱锥形石堆,上面覆盖着小石片。小石片上常有彩色的藏文,多数刻着六字真言"唵嘛呢叭咪吽"。这样的棱锥形石堆,经常是成排地垒在路边。还有些人家的房门上,也悬挂着写有六字真言的小石片。有时候在山垭口的小庙里,还会发现卷轴,但大多已被烧毁。在那曲河口,我们就看见一座这样的小庙,里面有很多拳头大小的黏泥团,就像尚未完全长开的蘑菇。

藏式房屋

藏民的主食是糌粑，一种用面粉和磨碎的奶酪加上盐、放在小木碗里和茶水一起揉捏而成的食物。他们很少吃肉，喜欢喝酒。如果藏族穷人有机会，他们常常把自己喝得酩酊大醉。烟草多是用鼻子闻闻，抽得较少。在较大的驿站，朝廷从内地派来的官员已经教会了藏族土司抽鸦片。

理塘位于打箭炉和巴塘之间。那里有一座十分壮观的喇嘛寺院，据说里面住了三四千名僧人。寺院坐落在苍茫荒凉的高山垭上，镀金的庙宇在蓝天下金灿灿的，看上去美如画卷。

出了理塘，我们一路向南。这条路通向这道山脉最高的山峰，海拔7770米高的格聂山①。那里有一座山峰跟欧洲的马特洪峰②非常相似。

巴塘，我们此行抵达的最西点，海拔约2700米，位于扬子江上游。但扬子江在这里还叫金沙江。

这里有通往前方禁地的最后一个宣教站。三十多年来，有很多旅行者从这里出发，继续前行，却没有一个欧洲人能有幸从这里进入前方禁地。我们的到来，也被通报给两名当地的朝廷官员和藏族土司。他们惊慌地跑到法国传教士穆索先生那里，打探我们接下来的行程。当他们得知，我们不去拉萨，而将南行前往阿墩子，他们顿时眉开眼笑，大为高兴。

---

① 格聂山，原文 Nenda-Pick，疑指格聂山。
② 马特洪峰，阿尔卑斯山脉著名的山峰，位于瑞士和意大利边境。

113

清朝廷派驻巴塘的官员

在前往阿墩子的路上，我们遇到一大群藏族男女。他们是去白玉寺朝圣的。白玉寺喇嘛院很大，有一百多座小寺庙，据说位于白马山脉中国朝廷管辖的区域。

翻过海拔5000米高的扎勒①垭口，经过雄伟的白雪覆盖的白马山脉，我们几乎总在森林密布的地区前行，然后再次抵达在蹦色拉②渡过的金沙江。

现在我们以为远离了那些喇嘛，但很快发现我们错了。在中

---

① 扎勒，原文 Tsale。
② 蹦色拉，原文 Pongsela。

甸府①——一座位于几乎干涸的湖泊边缘的地区府城，我们再次与他们相遇。朝廷官员们住在狭窄肮脏的小庙里，周围是杂乱低矮又破烂的小泥屋。而在下一道山梁的另一边，雪白的喇嘛庙建筑群带着金光闪闪的墙垛，显得华丽又霸气。

我们再次来到一处寒冷地区，一片森林覆盖的荒野山地。金沙江在这里形成一

巴塘的法国传教士穆索先生

道巨大的河湾。然后，翻过峡谷对岸的陡坡，有鲜花盛开的树林和婉转的鸟鸣，像美丽的春天迎接我们的到来。

在鹤庆②，我们最后一次渡过金沙江，即向北弯曲的那段河湾。这里的妇女们打扮奇特，她们双肩各佩戴一朵较大的圆花形饰物，并通过背后七朵较小的圆花形饰物连在一起，据说象征了太阳、月亮和星星。

我们朝着大理府疾行，那是云南省的古老府城，在浩大的洱海湖畔。法国驻成都府的总领事波恩邦提先生曾满怀激情地对我

---

① 中甸府，今香格里拉。
② 鹤庆，原文 Achi。

阿思密一行在山区前行

横渡金沙江

艰难的旅途

们描述过辉煌,但我们并未发现辉煌之处。这座城市还处于半废墟状态,宽阔但有失维护。

  我们很想在云南多待些时日,至少看看这里颇具特色的少数民族。但我们的假期早已超时,目的地还遥遥无期,于是只得继续赶路。向朝西南方前行,翻越了几道平行的高大山脉,横渡其间奔向大海的怒江与澜沧江。在腾越①,我们终于又再次见到了欧洲人——英国领事里顿先生,和几个在中国海关工作的先生。他们的热情款待极大地安慰了我们过去几个月的旅

---

① 腾越,今属腾冲。

云南大理府中门

大理府城内

云南的吊桥

云南吊桥的桥头

滇缅边境的景颇族人

途艰辛。

从腾越出发，有一条古老的商路穿过傣族、白族和景颇族人生活的地方，过中缅边境，通向缅甸的八莫。从库利卡①到八莫，全长51英里，英国人修建了一条理想的公路。它到腾越的路段，将由中国人在英国工程师的帮助下完成。阳光灼人，在由棕榈树、竹林和巨型蕨类植物构成的热带原始森林里，我们依然十分艰难地前行。这些植物与藤蔓植物和攀缘植物交缠在一起，形成难以穿越的密林。我们骑着马在密林里缓慢南下，

---

① 库利卡，原文 Kulika。

前往八莫。

1904年2月28日,在跋山涉水4500公里后,我们终于看见八莫的白塔,看见托米·阿特金斯①在踢足球,欧式房屋在向我们招手。

在这里,英国政府官员和驻军军官以最热情友好的方式招待了我们,轮船和火车载着我们沿伊洛瓦底江南下,穿越缅甸,到达泰国的仰光。德国领事沙恩霍思特已经在那里等了我们两个月。很遗憾,我们不能再逗留,只能乘船去印度的马德拉斯,再乘火车向南到杜蒂戈林港,然后去锡兰②。在科伦坡,我们登上北德轮船公司的塞德利茨号邮轮,终于踏上回家的路。

此次旅行有非同寻常的丰富经历和乐趣,不过我也很开心能回归有序的正常生活。

—— 阿思密

(1904年在柏林的报告)

---

① 托米·阿特金斯(Tommy Atkins),19世纪西方军界对英国士兵的称呼。
② 锡兰,现在的斯里兰卡。

第四章　逆行扬子江（1906）

第一节　概述

现在，无论我们称之为长江、扬子江，都是指这条中国最长的河流。它源自青藏高原，横贯中国东西，汇入中国东海，全长6300多公里。1903年秋天，阿思密在从北京前往缅甸途中，曾经来到扬子江上，从汉口乘蒸汽船到宜昌。1906年春天，他再次来到扬子江上，这次的目的地是重庆，他未来工作和生活的地方。

在这次逆行扬子江的旅途中，阿思密不仅拍摄了大量照片，他还从宜昌开始写日记。他的大部分照片配有文字说明，可以轻松归入相应的日记内容。但他的日记是用德语的库伦特体[①]手写而成，整理起来相当麻烦。多年前，艾尔克·卡勒和约格·卡

[①] 库伦特体，原文 Kurrentschrift，一种古老的德语草书手写体，于20世纪上半叶停止使用。

勒①花了很多时间和心血，才把它们"翻译"出来。对于一些实在无法辨识的内容，我又去向阿恩斯堡的苏特林协会②求助，在他们的帮助下，最终我也慢慢地"翻译"出来。

——克丽斯蒂娜·阿思密

第二节　从上海到宜昌

京江③河岸的蒜头山

---

① 艾尔克·卡勒和约格·卡勒，德语原文 Elke u. Jörg Kalle，阿思密家的两位亲戚。
② 苏特林协会，原文 Sütterlin-Verein，一个专门解读和翻译古旧德语手迹资料的民间组织。
③ 京江，长江流经江苏镇江北部的河段古名。

扬子江下游，大通①附近的大帆船

---

① 大通，原文 Ta-tung。

扬子江下游的江中孤岛（今小孤山）

孤岛的另一面

南京的塔

汉口的使馆建筑

汉口码头(一)

汉口码头(二)

汉口江面的美洲豹号德军舰艇

汉口滨江路

沙市的江边渔船

沙市的堤坝

船停沙市的情景

沙市建筑

第三节　宜昌到重庆

1906年3月下旬①

由于低水位和一次机械故障造成搁浅，原本三天半的航行时间被拖到五天，我们的蒸汽船才最终从上海抵达宜昌。尽管今天的水位比1903年11月甘寿、迪兹②和我初来此地时低了大约10英尺，我还是立即回忆起当时的情景。当时我们的轮船抛锚停泊的地方，现在是完全裸露在外的干涸泥地。在那些紧挨河边的建筑上，比如

---

① 此为编者根据日记估算的大概时间，仅作参考。
② 1903年11月，甘寿、迪兹与阿思密从汉口乘船到宜昌，前往缅甸。

罗德①先生的空房子，还能看出扬子江在夏天的高水位痕迹。

大约有五十步"之"字形台阶从裸露的河床往上通向宜昌的"外滩"。第一位迎接我的人是港务长，每一艘进港的船只都由他指示抛锚和停泊的位置。他通知我，我应该住在中国海关署长、来自斯图加特的沃尔夫先生那里。然后，弗德金先生也来了。他从前是领事馆秘书，现在出来单干了，在这里从事"邮政代理"工作。他发现我是独自一人时，十分惊讶。因为他接到的消息是我偕夫人一起来，所以他已经在海关署长那里为我安排了一间双人房。

除了必需的生活用品，我把其他行李都留在船上。海关署的小船在大雨中接我上岸。沃尔夫先生用一种中国人常有的热情好客的方式欢迎我到来，让我很感动。"宾至如归"在这里绝不是一句客套话。我快速洗漱，收拾好自己就去邮局。邮局在宣教会大楼里，以前是德国领事馆的办公处，领事馆搬走后才成为德国邮局营业所。

我几乎不费吹灰之力就找到那里。路上我还顺道去了美最时公司的库房，看望雍先生。三年前，在前往缅甸的途中经过这里，我们就在美最时的库房里整理行装，组建搬运队伍。雍先生是中国人，负责处理外国公司的事务，即所谓的"买办"。当时他给过我们很大的帮助，这次可能还有事要求助于他。到邮局后发现我的邮件很

---

① 罗德（Rhode），德国美最时公司（Melchers & Co.）的代理人。

三游洞（在罗德的避暑房"橡树帽"附近）

少，只有一封来自德国波茨坦书商的挂号信，信里附有账单。很遗憾，我在热那亚就开始等待的一箱书还没有到。

晚上8点，在海关署长家吃晚餐，弗德金也在。我们商定了第二天的计划，就开始聊起各自的最新见闻。他们说，最近这一年以来，扬子江上游到处都是欧洲人。就在几个月前，甚至有一位英国女士带着女儿和妹妹，也乘坐一艘船屋① 逆江而上，只为享受急流中乘风破浪的刺激和乐趣。还有一位英国的坎伯兰少校，不久前也去了扬子江上游，说是去西藏山区射猎山羊。但更多的还

---

① 船屋，有卧室和厨房等基本生活设施的帆船。

停泊在合州（今重庆合川）的祖国号德国舰艇

是法国人，他们有的还带着夫人，比如殖民军的军医勒让德医生、一位法国领事（是否带夫人不清楚）、银行官员珀诺特先生、一位带着医药用品但不知姓名的先生（药箱上用法语写着"四川宣教会的药品"），以及其他目的地不清、意图不明的法国人。现在又多了八个修女，她们与我同乘一艘日本轮船到宜昌，分别要去重庆、叙府①、成都等地。这就形成了一幅法国人疯狂涌入中国内陆的画面。由舰艇协会赠送给德意志帝国的祖国号内河舰艇，几天前因为降雨引起水位上涨，在狭窄的河道逆行成功。但由于随后水位的急骤下降（和其他原因），它被困在了重庆合州，无法返

---

① 叙府，原文 Lin-fu，也许是笔误。经专家查实，在当时的成渝之间没有名为 Lin-fu 的较大城区，估计是叙府，即现在的宜宾。

航。另一艘德意志帝国海军的前进号内河舰艇，从荆沙出发去了汉口；美洲豹号舰艇又去上海了。因此，一句话，现在宜昌没船可用了。

次日早晨，我和弗德金先生出门去找船。我们带着美最时公司的购物参照手册，经过多次问询和查看，终于找到一艘合适的。这是一艘漂亮的帆船，有三个"房间"，可以装下我所有的行李。这艘船屋将是我从宜昌到重庆的"水上之家"。

这趟船屋之旅总共花费了180两银子，大约550德国马克。船员有：两个负责人（一个叫"老板"或者"老大"，另一个相当于大副）、一个二副和他手下的几个水手，再加26个纤夫。当船逆水行驶，风向不利或风力太弱，纤夫们就必须通过摇桨或用纤绳拖拉的方式，才能使船前行。

通过购物参照手册，我还订购了一些旅途中的必需品，例如面粉、煤油、中文名帖及木质印章、能显示船主贵尊身份的旗帜（上面会用中文写上我的名字和头衔）等。然后，弗德金和我就去轮船上取行李。我们取回了所有的东西，我很高兴。从上海托运来的其他行李也都到了，除了弹药箱，全在英国太古洋行的库房里。这是中国招商局和船务公司的中国员工帮我查到的信息。

问题是到目前为止，我只收到一份18箱货的提货单，还有20箱货呢？南京号轮船将18箱货从上海运到汉口，大同号轮船随后运走了另外20箱货。在汉口，我已私下查明，这38箱

阿思密的船屋

货都已经被洞庭号轮船运到宜昌。现在货物到了,我却无法拿到,因为还差一张提货单!为什么会这样?是海关罢工了吗?

两天后,提货单到了,但那上面不包含弹药箱。好吧,我至少可以先把货装上船,同时把船布置一下。这期间,祖国号舰艇在一个法国海军领航员和一个叫普兰特的英国人的指挥下,从上游返回宜昌了。弗德金和我立即去登船拜访。我们受到了热情的款待。我趁机向海军高级助理医生珀勒费克先生"乞讨"了8打感光板,这样我就可以一直到重庆都不必打开自己的摄影器材箱。

下午，海关署长带我去山上他自己铺的小路上散步。晚上，祖国号舰艇上的三名军官来到海关署长家。我们一起去海关俱乐部打台球。我感觉有点不舒服，好像感冒了。第二天早晨，世界一片雪白，原来下了一整夜的雪。而我抵达宜昌的前一天，还下了雷阵雨。我在等我的弹药箱，它应该在大宇号轮船上。等这艘船到了，同样的海关手续又得重来一遍。庆幸的是，武器和弹药可以进口。

每一件装船运往内陆的货物，都必须得到道台的同意。道台不在宜昌城里，在荆州府①，沃尔夫先生破例为我行了方便，只让我签了一份声明，保证这些弹药只是自用，绝不会出售给中国人。在上海和汉口，这1000发子弹已经为我带来麻烦：因为它们属于易爆的危险品，没有轮船愿意运载。现在我把它们装进铁皮箱，放在其他行李中间，事情就变得简单了。

我在船屋上安放了从香港带来的藤编家具：一张小桌、一把小沙发、两把扶手椅，还有一张躺椅。大吊灯是从上海副领事米勒留下的家具中买的。米勒先生度假去了，估计不会再回来。我用这盏灯为"客厅"照明。还有一只旧的奥登堡煤油炉，是用来为"客厅"取暖的。在"卧室"，我安装了一张大床，同样是从米勒那里买来的（几乎全新，花了50美元）。我把钢丝垫放在床的横梁上，上面再放床

---

① 此处原文Ihari，估计是笔误。经查实，清末，宜昌与荆州、施南三府同属荆南道，道台驻荆州府。但根据字母拼写，也许指夷陵。

垫和枕头。床下的空间用来摆放行李箱，书和换洗衣服以及装摄影器材的筐子都放在行李箱上，余下的地方刚好够安放一把凳子，上面摆放洗漱用品。第三间是卫浴室兼储藏间，食品罐头和过滤器等杂物也放里面。那后面就是厨房了，有一个用金属皮包裹的矮柜、两张中式桌子和烧木炭的小炉——那是我的男孩①展示厨艺的工具。

从宜昌出发的那天早晨，还来了一艘救生船，即所谓的"红船"。关于它，我稍后再写。它陪伴我的"船屋"到万县，才被另一艘红船取代。

启程这天的一大早，我这艘漂亮的大帆船还没动就差点被一把火烧毁。

我已经跟男孩演示过点燃那只安泰牌煤油炉的方法。但早晨我叫他时，他掀开门帘的瞬间，我就发现他身后的厨房一片火光。我立即冲过去，发现整只炉子都在燃烧，火苗已蹿到船的顶篷，顶篷下的毛巾也烧起来了。我转身抓起毯子就去扑火，男孩在手忙脚乱中用火钳夹起煤油炉，把它扔到河里。火终于灭了，煤油炉后来被我们打捞起来。原来男孩在酒精尚未燃尽之时就提前拧开了气压筒，从而引发了大火。男孩还要忙着准备做早餐，我就叫了另一个年轻人来清理现场，收拾残局。

---

① 男孩，原文 Boy，指年轻的贴身男仆。

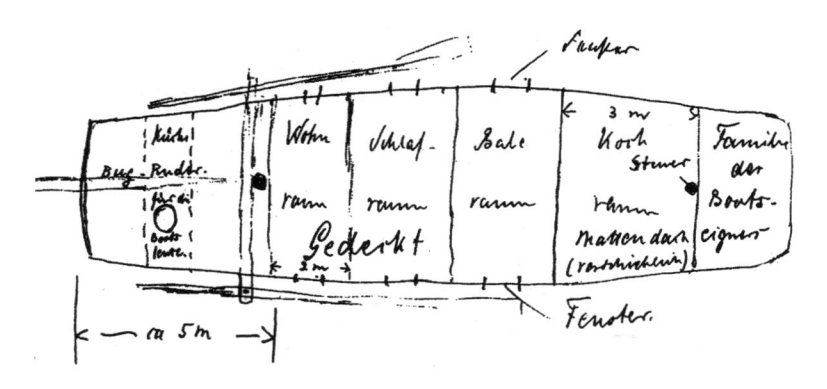

帆船结构图（阿思密手绘）

  这是艘帆船，长约18米，宽约7.5米。船舱做过防水处理，被分隔成三间，用竹竿搭建了一些搁放行李的架子。三间船舱的顶篷都呈拱形，拱面光滑平坦，中间最高处超过2米。每间船舱的两面墙上各有一扇窗，由两块滑行木板构成，地面铺的是优质木板，打磨抛光后还涂了油漆。船舱内部都被涂成红色。船舱之间的隔板是推拉的，可以拆卸。隔板上方的中楣还饰有镀金的雕花。船上很干净，随时有人在用拖布擦拭地板。看来中国人唯一能保持干净的地方，就是他们的帆船。船舱的墙体由木板拼成，木板之间有很多缝隙，会漏风。我挂了些毯子挡风，以免患上风湿病。

  上午10点，开船了。爆竹齐鸣，鼓声震天。26个纤夫和船工们奔向船桨，各就各位。船桨搁放在一根支出船舷的木方上，足有7米长，其中3米是手柄，只有1—1.5米的桨叶伸进水里。木方用竹绳捆绑在粗壮的船横梁上，船桨与船轴平行或呈一定角度，手柄末端高于船舷。船桨上有一个洞，插进一根横梁的尖木桩上，船桨因此得以固定。（如下图）

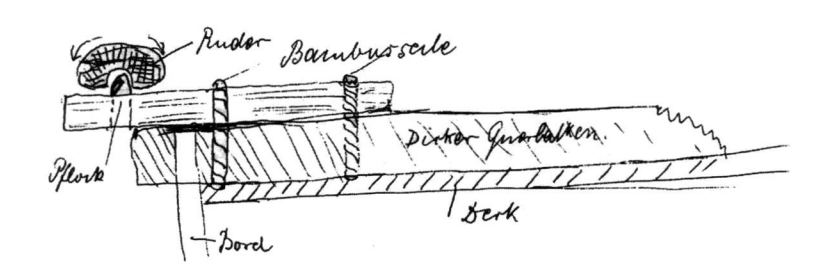

船桨结构图（阿思密手绘）

划船的原理，就像你所见过的船工划有艉舵的船一样，即：左右的船桨与船轴垂直，在水里轮番转动，从而对水产生推力，让船行驶。奇怪的是，他们每划一桨，都有一个人用高得可怕的嗓音唱歌，有时还配合蹦跳或跺脚等肢体语言，其他人听到也随之附和，齐声高唱（后来我知道，这种歌叫"号子"）。这当然不会加快船的航速，除非顺风时升起风帆，那才能大大提高航行的速度。这条船的风帆很大，是中国常见的扇形帆，就像扇子那样一层层地展开或折叠，非常容易升起或降落。

除了船艉舵，值得一提的是平衡舵，即艍舵。在扬子江上，所有的帆船在逆流而行和穿越急流时，都需要强大的艍舵来保持平衡。艍舵是一根8—10米长的木梁，在木梁的下部至末端，钉有一块垂直的木板来增加宽度，让木梁具有良好的平衡性能。这个巨大的艏舵由四个男人负责操控，情况紧急时，需要更多人来帮忙。当然，又是通过声嘶力竭的吼唱来协调，那声音之高亢就像打雷，仿佛能把石头击穿。但不这样他们就没法工作。如果要命令一个人把箱子从船舱里搬出来，就有人高声吼唱一句：把箱子从船舱里搬出来！即使他自己去搬，他也要这样来一句。他们就用这种方式来分工与合作，大家心有灵犀，配合默契。这真是一支了不起的团队！

　　逆水行舟，如果顺风，就升起风帆，借助风力航行，但水流太急太强，主要还是靠拉纤。纤绳由竹子劈成的篾条编成，韧性极好，能承受难以置信的巨大拉扯力，但不能过度盘卷，否则会折断。这样的纤绳很快会被河岸的岩石磨损，因此岸边随处可见纤绳货栈。行船时，纤绳的一端被巧妙地固定在船上，纤夫们就拉着纤绳的另一端在岸上行走。如果必须延长纤绳的长度，就通过一根横木，将扬帆索捆绑在纤绳上，然后拉着扬帆索前行。这样，纤绳就可以根据情况升高或降低。一个男人总在旁边□□□□[①]，因为一旦纤绳被岩石卡住，就必须立即扔掉扬帆索，使纤绳松弛下来，否则船就可能撞向岸边的岩石。

　　船上的人通过击鼓向岸上的纤夫传达号令，跟纤夫们保持联

---

① 此处原文不可辨识。

系：鼓点长 — 短 — 短、长 — 短 — 短，重复击打，表示"停止前行"；如果鼓点是短 — 短 — 短，就表示"继续平稳前行"；如果鼓点是持续不断的急促和零乱，则表示"使劲拉"（通常是船在急流中）。

这些纤夫，无论老少，大多衣衫褴褛，身上不是长满疥疮和溃疡，就是布满污垢和擦伤，几乎都打着赤脚。他们用套在胸前的麻布带拉纤，只用一根小木棒，就把麻布带跟纤绳套在一起。如果河岸平坦，他们就这样身体前趋往前用力。但在水流急湍的地区，平坦的河岸非常少。大多数情况下，他们要在乱石堆里攀上爬下，有时候，甚至要在离河面大约100英尺高的绝壁上匍匐前行，那上面只有一条从山壁里凿出的纤夫小道，他们几乎直不起腰，随时有掉下悬崖的可能。纤绳有时会被岸边的岩石卡住，这时就必须有人钻进石缝把纤绳挪开；纤绳还经常被河里的礁石绊住，拉纤者就得放下纤绳，不顾急流跳进水中，去把纤绳捞起来。如果岸边停泊着别的船只，纤绳还得绕开这些船只往前拉；如果岸上没有纤夫道，天上也没顺风，纤夫们就全都上船来摇橹划桨。他们一整天都在工作，没有片刻时间休息，除非船停下来……这是我见过的最累最苦最危险的工作。可怜的纤夫！

纤夫们每天吃三餐，有米饭、蔬菜（大多是卷心菜）和鱼，偶尔有点猪肉。船上似乎没人抽鸦片，至少我没看见，也没嗅到。

相反，我每晚给他们每人两三根香烟。香烟是我在宜昌买的，买了很多，是专门为船工们准备的。我自己不抽烟，但我知道，中国男人视抽烟为精神的享受和身体的放松。我为他们送烟之前，会轻轻关上我的船舱门。

"红船"是中国政府派来的救生船，它们随时游弋在有急流险滩的危险河段，有船遇险出事时能及时施救。红船打造精良，灵活轻便，易于划行，大约6米长、1.2米宽，由一根很长的艉舵控制方向。每一艘红船都配有5位水性良好的船员（士兵）。红船上有一张高高的长方形风帆，能帮助船在急流中逆行。

江上的红船

红船是救生船,由地方官员安排在水势凶险的河段和船只靠岸停泊处,可根据往来船主或旅客的要求提供护航服务,以便行船在途中发生意外能及时救援。另外,红船能保障航行的通畅。在有急流险滩的狭窄河道,经常停泊着许多船只。它们必须排队等候,依次前行。但如果有红船护航,就意味着有官方保护,可以优先前行。如果想登陆上岸,红船也很必要,因为较大的船只通常无法直接靠岸停泊,人们必须换乘小船才能上岸。

——摘自阿思密1906年5月29日致帝国总理冯·比洛的信

我对我的船屋很满意,直到现在,我都把它当成木制的蒸汽轮船。

1906年3月26日 [①]

第一天早晨,我们穿过停泊在宜昌江面密密麻麻的大小帆船,出发了。没有风,在船工们震耳欲聋的号子声中,我们靠划桨逆流而行。

11点,帆船横穿到扬子江南岸,纤夫们上岸开始拉纤。山势

---

① 此为编者根据内容估算的时间,仅作参考。

低矮，扬子江的流向垂直于山脉的走向，江水切断山脉向东流去，两岸的山峦呈金字塔形。在山峦之间的平坦地带，是绿色的田野和开花的树，溪流哗哗奔腾，周边水草丰美。

大约又过了半小时，河流在三游洞向南掉头，前方是狭窄的河面，我们看见了第一个峡口——宜昌峡①，是巨大而陡峭的石灰岩悬崖使河面变窄。光秃秃的悬崖长年累月被雨水撕裂和侵蚀，以致有些石壁看起来像凝灰岩。但旁边偶尔有长满郁葱植物的缓坡或平地，它们为单调的岩石区赋予了生机。岩坡上还零零星星有一些小屋，所有的小屋都明显高于现在的水位，也应该高于夏天的水位。据说河水在夏天有时会上涨40英尺甚至更多。

下午3点一刻，我们抵达平善坝。这里有海关检查站，要检查护照等证件。我派船老大把我的证件送上岸。手续很快就办完了。岸边停靠着几艘中国官船，都有蓝白条纹的顶篷和风帆。船老大告诉我，官船主要负责追捕未经海关检查或检查不合格想逃跑的船只。

然后我们就进入平善峡。河流横穿过巨大的石灰岩山脉，饱经河水冲刷的石坡看起来非常惊险。到处是石块，明显是从高处滚下来的。对此，你甚至可以从它们相应的位置得到验证。被雨水冲刷而形成的洞穴和沟渠无处不在，其间有些石块在坠落时被卡住了，高悬在半空，仿佛随时可能坠落。然而，每一处相对平

---

① 从此进入西陵峡。

平善坝的中国官船

坦的地方，都生长着大量的苔藓、蕨类植物和针茅草类草本植物，长势旺盛，充满生机。

在那些被河流冲刷而形成的小峡谷里，有一些依山而建的高高在上的小房屋。在不太陡峭的缓坡处，墨绿色的农田远看像棋盘一样井然有序。这里的土地也许因为太稀少而被充分利用，即使是边角的小块地也都被耕种，或平整出来即将被耕种。河边有人捕鱼，有的用手网，有的用奇怪的沉入式渔网——把渔网固定在竹架上，再把竹架沉入水里。几乎整个平善峡都是陡峭而无法行走的河岸。我们的纤夫无路可行，整个下午都在划桨，他们一边划桨还一边唱歌。尽管听不懂他们唱的是什么，我仍然很高兴听他们唱这种"旋律悠扬"的歌。

我的男孩，其实应该是我在重庆工作的助理。他在上海总医院①干过三年护工，懂点医学常识，也会点英语，宝隆医生对他印象很好，就把他推荐给我。但他从没做过饭。我曾派他去宾馆、德国驻上海的总领馆甚至轮船上的厨房，让他学点烹饪手艺。虽然那算不上专业的烹饪培训，但在今天的餐桌上，他摆上了一桌过得去的饭菜：卷心菜汤、煎桂鱼和羊排，还有卷得很好的鸡蛋果酱卷。但咖啡味道太糟糕，我认为那是水的缘故。他用的是被明矾净化过的河水。

黄昏时分靠岸，前甲板上撑起顶篷。纤夫们像鲱鱼一样紧紧地挤在一起睡觉。

第二天早晨，过红石滩。这里的水流并不湍急，河岸很适合纤夫行走。启航前，他们在前甲板杀了一只公鸡，在船头和艄舵上涂抹了一些鸡血和鸡毛，又烧了些干草和祭纸，并多次叩头，嘴里还念念有词，大概是祈祷什么吧。有一个男人忍不住笑了。他是我们的水手，个头不高，身材敦实，脸色乌黑，像童话里的小矮人，但体力巨大。他也是划船时唱歌的主力，跟一个纤夫轮换着领唱。纤夫通常用浑厚的嗓音高吼，这个小个子更喜欢尖声嘶叫。有时候，其他人也会来帮腔，尤其是老板十一岁的小儿子，他特别喜欢怪声怪气地扯着嗓子唱，逗我们开心。

---

① 上海总医院，原文 General Hospital。

过了红石滩，右岸的山腰上出现了一座寺庙，据说名叫朝东庙①。这里距离宜昌大约45公里，群山退让，大地越来越开阔。很显然，在河流冲出较深的河床之前，这里曾经是湖泊。陆地的岬角带有堡垒状的巨大岩石，宽阔的石滩装饰着岸边，远处的平地是农田。

11点整，我们来到落狗滩②——一处水流较急、乱石较多、很危险的河段。在高亢的号子声和雷鸣般的鼓声中，我们幸运地通过了。河湾的另一边有一艘沉入河里的大帆船，河水淹没了船头甲板。它是几天前在这里闯滩触礁沉没的，一些运载的货物被抢救上来，堆放在岸边。很明显是外国公司的货，像要用于建兵工厂的，比如铁管、机器零件、铜条等（也许用于内地的制币厂）。

在河道的每一个转弯处，岸边的岬角都耸立着一些雕像般棱角分明的巨石，周围是大片的乱石滩。一些石头的内核大概在数千年前就已形成，因为这里的石灰岩里还发现有花岗石层和其他的火成岩层。有些巨石之间架着木梁，以便纤绳能顺利滑过，不被卡住。通常，当陆地看起来在某种程度尚可行走，我就从"通报舰"③下来，上岸去活动活动双腿。在石堆里攀上爬下，也许是生

---

① 朝东庙，原文 Choang-dum-miao。
② 落狗滩，原文 Lo-go-tan，也称鹿角滩。
③ 通报舰，原文 Aviso，葡萄牙语和西班牙语，一种快速的小型军舰，用于传递消息和侦察联络。

命里一种特殊的乐趣吧。

12点半,我们抵达三斗坪,又一处厘金站(内地海关检查站)。顺利通过。我们在紧挨厘金站上面的小餐馆用了午餐,纤夫们则在船上吃午饭。

群山再次出现,新的激流进入眼帘。因为船上的活动空间很有限,时间长了会感觉无聊,我总喜欢去岸上步行,尤其在较高的位置,视野开阔,很享受。河湾下方的河中心,一条长长的石梁把河面一分为二。石梁的北边是主河道,行驶的是顺流下行的帆船。我们的船被纤夫拉着,沿石梁南边的副河道逆流上行。

这里的急流险滩主要是由于两岸群山的突然收拢造成河道变窄(高耸的山崖对流经的河水造成很大的阻力)而形成,以及两岸

塔洞滩(一)

塔洞滩(二)

塔洞滩(三)

群山之间的小河与溪流汇入河道时带来的乱石。有时候，甚至整片带有岩石和村庄的河岸，在松软地表上的一切，都会因塌方而被推入河中。有些急流险滩只在水位低时才会出现，另一些则会在水位高时才会形成，因为水位高低的不同会导致水流速度的变化，这就要求行船者必须熟悉河道的情况。我想起了马克·吐温的书《密西西比河上的生活》，此书极其生动地描写了这一独特的地理知识，以及这种地理环境对当地人民的生活与工作的影响。

在塔洞滩①（见第149页图）的照片上，可以看出一些有趣现象：中间长长的石梁将河道分开。我的船屋在右边河道被纤夫们拖拉着前行，紧靠河岸，以避开河水主流的冲击。右岸有巨石形成的石滩伸入水中，将水流向江中推挤。还可以看见系在岸边的几艘小船后面有被激起的浪花。

一旦来到急流处，船要横穿汹涌的河水，这对乘客和旁观者，尤其对纤绳来说，总是万分紧张的时刻。纤夫们被船上持续不断的击鼓声和大家吼唱的号子声激励着，有时还在"工头"的竹鞭抽打下，将全身的力气都压向胸带。他们双手抓地，弓腰屈膝，匍匐前行，整个队伍就像一群被驱赶的羊。粗长的纤绳被纤夫们拖着呈扇形散开，但帆船仍然只一寸一寸地朝前移动，还被急流冲得左右摇摆，只是在艄舵的作用下才吃力地维持着正确的航向。

---

① 塔洞滩，原文 Ta-tung-tan，也称獭洞滩。

半沉入水中的帆船

纤绳如果断裂，也许是被岩石磨断，那么船不能以最快的速度在摇晃中重获平衡，就会出现翻船的险情。在水位较高且水流太急时，已经有帆船因此撞上礁石，然后就变成浮木碎片在河面漂荡。我亲眼见过一条小帆船搁浅在一块高出水面的礁石上，船底被撞穿，船身向后裂成两半。

在有急流险滩的河岸，总有竹棚茅屋形成的小村子，那是纤夫们聚集的地方，我称之为"纤夫村"。每一艘想要闯过急流险滩的帆船，都需要更多的纤夫拉船，有时多达上百人。

在这同一张照片上，还有一队并没有特别用力拉纤的纤夫。他们拉的那艘有奇怪桅杆的帆船还没进入急流区。（那是一艘被称为"五舨"的船，即有五块船板；旁边的小船被称为"三舨"或"舢舨"，即只有三块船板。)较远处，还可以看见江中的石梁边以及紧靠右岸的岩石上有人，水中小船上也有人，他们都在捕鱼。鱼被强劲的水流冲走，逆水挣扎却无力回游，只能顺流而下，头却朝着上游的方向。渔民们就驾着小船，带上长柄手网（就像捕捉蝴蝶的网，只是更大)，沿水流的方向将网探入较深的水里。他们几乎每一次起网都有鱼，通常还是50厘米甚至更长的大鱼。这些鱼将被"剪裁处理"，从后背剖开，展开摊平，抹上盐，在空气中晾干。

1906年3月28日

昨晚我冲洗照片差不多到凌晨1点。成像太慢。我不知道为什么会这样，肯定不是曝光不足，因为所有的细节都在照片上。只有一个原因，我得到的感光板没密封好。因此，我错过了观察船是怎么进入崆岭滩的。这个地方很重要，第一艘德国蒸汽船临江号①逆行扬子江时，就在这里触礁沉没。我被可怕的摇晃和洗漱用品在船舱里滚动撞击的声音惊醒。水流凶险，河中间耸立着一块巨石，而这里恰好又是河道的急弯处。谢天谢地，我们在紧张中成功通过。前方又出现巍峨的大山。河道完全变窄，陡峭的山壁几乎垂直坠入水里。我们的船在南边靠岸。我问为什么停歇？ 回答是：风太大，又是逆风，此处既不能拉纤也不能划桨，必须等到下午。我

---

① 临江，原文 Lin-jang，估计是笔误，有资料显示，在此触礁沉没的第一艘德国蒸汽船是"瑞生号"。

这才知道，这段河流的风是有规律的，早晨"起下风"，即风从上游往下游吹；下午"起上风"，即风从下游往上游吹。我们应该下午行船，才能借助风力比较轻松地逆水航行。

前方是牛肝马肺峡，让人印象特别深刻。狭窄的河谷两边，山崖高而陡峭，人仿佛置身于巨大的缸底。河道转弯时，山壁像舞台上的背景墙，一幕一幕向后滑动，行船中的你会感觉船好像根本没动。

下午2点，风势减弱，我们划桨起航，跟等候在这里的众多船只一起出发，驶入峡湾深处的河道。不久又是一道转弯，河道对岸的转角处，耸立着一座像耶稣山①那样的锥形山。按中国人的说法，它与旁边的另一座山峰相对应，形似马鞍，因此被叫作马鞍子山。

河岸绝壁凌空，在大约高于江面10米的峭壁上，有一个洞穴，泉水从洞穴里喷涌而出，飞流直下。不远处，在离江面大约30米甚至更高处，有一条部分切入山壁的小道。那是高水位时的纤夫道。今天我们的纤夫已经爬过一条山壁上的小道，我提心吊胆，唯恐有人会掉下来，坠入河里。但他们似乎既不眩晕也不会害怕，最终都平安地爬过去了，真是感谢上帝！

船过了马鞍子山，在转弯处的对面山壁上，有两处形似牛肝

---

① 耶稣山，原文 Zuckerhut，也被译作糖帽山。

牛肝马肺峡的入口

绝壁上可见高水位时的纤夫道

和马肺的巨石,这里也因此得名牛肝马肺峡。

此时所有的船都升起风帆,在震天动地的号子声和击鼓声中,绕岬而行,竞相争流。这些船看起来都非常笨拙,很难相信能在强劲的顺风中轻盈如飞地航行。可是,乐极生悲,差一点就发生了不幸。我们一心想赶超别的船只,无意中驶入急流中。似乎只在刹那之间,船突然朝右岸冲去。虽然艎舵已竭尽全力,但强大的水流仍然将船朝岸边推去。有人想赶紧收帆减速,没成功。顺着风势和水势,船就像脱缰野马向前奔去。万幸的是,那是一面平缓倾斜的石坡,才没酿成大祸。如果那石坡有尖角或者更陡峭

船过马鞍子山

牛肝马肺峡

新滩

些，我们就完了，至少我的那些宝贝行李会滚入水中。

驶出了牛肝马肺峡，大地变得开阔起来，群山再次后退。趁着相当不错的"上风"，我们继续扬帆前行，纤夫们仍然继续拉纤，直到远处的群山再次合拢。

北岸可见一片宽阔的石滩，石滩上聚集了很多人。那是新滩，一处由三个险滩组成的危险河段。照片上（见上图），可以清楚地看见被河水冲积形成的石滩，以及对面还没被河水完全冲毁的石梁。照片的前景有很多纤夫呈扇形队伍在拉纤。纤夫们如果想歇息，就把纤绳一圈一圈缠绕到岸边的巨石上。

在照片背景的远方，石滩的末端，可见一条帆船。它正跟河里最大的急流搏斗。急促的鼓声不断从船上传来，纤夫们一边拉纤，一边有节奏地高唱号子，应和着鼓声。河道狭窄，船只能一条一条依次前行。因为前方还有很多帆船在排队等候，我们的船也必须停下来等候。于是我就下船了，小心翼翼地穿过乱石滩，沿河岸朝上游方向走去。在较高的坡上，高水位之上，有一个纤夫村。一些小商贩在这里摆摊出售烟叶、面饼和豆饼等。

岸边有些礁石，河水在北岸形成第二个险滩。一条伸进河里的石梁，又在北岸形成第三个险滩。

河流在峡谷里冲出很深的河床，乱石填满了山背后的盆地，也形成了巨大的石滩和阻碍水流的石堆。同样的时间内，同等的水量在流经较为平坦的浅水区时，流速会比经过深水区时更快更急，这样就形成了险滩，行船经过这里就会有危险。我们的红船沿北岸过了两个险滩，从我身边朝上游驶去。我站在岸边的石坡上，看见我的船屋穿过了北岸的第一个险滩，却突然掉头转向，朝南岸的下游驶去，而其他帆船还停靠在北岸等候逆流前行。

天色开始变暗，我的船屋还在第二个险滩下停滞不前，看样子是上不来了。于是我从北岸纤夫村的几间茅屋前下到河边的乱石堆，上了红船。

红船首先沿北岸逆行，直到靠近最上面的头滩，然后再掉头向南，来到第二个险滩前。舵手转动舵柄，我们以疯狂的速度横穿过了这个险滩，朝岸边驶去，在逆流中精准地靠近了我的船屋。

河流从北岸的峡谷奔流而出

河岸上的纤夫村

从上游鸟瞰新滩

这里的帆船都没有锚,停泊时,就将一根粗大的木桩深深地斜插在岸上的岩石之间,再用几根结实的缆绳将船拴在木桩上。我们的船也这样靠岸停泊。

我上船不久,就出事了。一艘载货的大帆船(就是我刚才提到的那艘跟急流搏斗的船)正沿北岸朝头滩逆行,突然它像大炮里射出的一枚炮弹,偏离了航道,掉过头来顺流而下。原来它的纤绳断了!船在汹涌的江水中大幅度地摇晃起来(当时的水流速度是6—12节①),在照片上可看出的高水位河面(河水有落差),大帆

---

① 节,水流速度单位。一节等于1.852千米每小时。

纤夫和救生船

因纤绳断掉而在急流中挣扎的船

岸边被纤绳磨损的岩石

船横着就向我们冲来。幸亏有七八个船员在拼命转动艄舵,船才终于避开急流,在即将被冲入低水位河面之前,成功地停靠到我们的船边。大家都虚惊了一场!

当晚他们就跟我们一样,也在那里过夜。

一般的人会觉得急流险滩好像并不怎么可怕。但如果你真的置身其中,感受到船所承受的巨大压力和危险,看见那些无处不在的凶猛漩涡,仿佛是从地缝底下冒出来的,随时想把你吞吸抓扯到地缝里去,你才会感觉到,这些在峡谷里奔腾咆哮一泻千里的河水,是多么威力无边,多么令人恐惧和绝望!

岸边到处是饱受纤绳磨损的岩石。有的被纤绳环绕,磨出整齐的螺旋道。在直立的巨石边缘,纤绳又像梳子一样,"梳"出一

河中装盐的大帆船

道又一道槽沟。

1906年3月29日

我们必须等这艘大帆船先驶过上面的头滩才能启程。这期间，我又拍了一些帆船驶进峡谷的照片，但只有一张比较清晰，勉强满意（见上图）。其他的，帆船不是随急流飞奔，就是随大浪摇晃，都在快速的动态中，太模糊。

大帆船的桅杆是顺着龙骨固定的，艏舵通过捆绑木板和长杆得以加固加长，由多人操作，随时控制船的航向。船两边的桨也有多人在用力摇。从照片上可以看出，这艘船的两边各有三支桨。这是一艘装盐的大帆船。

急流中，一艘又一艘帆船或者飞奔着顺流而下，或者艰难地逆流而上，都伴随着震耳欲聋的号子声、击鼓声和鞭炮声（放鞭炮是祈求水龙保佑平安，绝非娱乐好玩）。这是一幅十分壮观的场景：巍峨的群山之间，这奔腾的江水、粗犷的岩石、雄浑的号子声和震天的鼓声混合在一起，真是气吞山河，激荡人心！这条河的运输量太大了，交通太繁忙。中国内地的进出口贸易，几乎全靠这一条扬子江水路。真应该在岸上修建一条商贸公路！据说已经动工了，但工程尚未完成，只修建到巫山大峡的中部就停止了。他们说是因为张之洞没钱了。

过了新滩湍急狭窄的河道，船就进入比较开阔的河面。但实际上仍然在急流险滩中前行。

船上有一个曾经年轻过的女人，她很自以为是，总跟引水员发生争执。这种权力之争让大家都陷入不安中。结果就是，今天，我们的船在强劲的风中多次起航又停下，其间还伴随着可怕的争吵和吼叫。船在剧烈的摇晃中，我的茶具和所有没用铆钉或钉子固定的东西全都掉落到地板上。我忍无可忍，就让我的男孩去对那个老女人说，如果她再不闭嘴，我就把她的嘴缝起来！我还威胁老板，如果再不管管他们，让他们好好行船，我就要向海关署长和领事馆的领事汇报，让他今后再也接不到业务。引水员好像已习以为常，他只是很平静地说，老女人是个疯子，她跟谁都吵。如果船工和纤夫不听她指挥，她也吵他们。后来她闭嘴了，我的男孩说，她真的相信我会把她的嘴缝起来。

天气开始变暖，可以穿卡其布衣裳了。温暖的阳光照进峡谷。傍晚，当我们靠岸停泊，我上岸散步，发现岩石和沙滩都散发着热气。

也许，写写中国人如何煮饭会很有意思。我在船上有很多机会观察他们怎么做饭，怎么准备食物。不得不说，我对他们烹饪工作的干净程度感到惊讶。他们比我在吕伦堡荒原和奥登堡沼泽地[①]见过的德国人做饭更讲究卫生。大米首先要用足够多的水淘洗，直到水变清亮，才把洗净的大米放在小炉灶上的铁锅里煮，直到谷粒膨胀，再从铁锅里捞起来，放在木桶里蒸。为此我得描写一下炉灶等厨具。

炉灶是用耐火的黏土烧制而成，灶膛里烧的是中国煤球。这种煤球是用煤粉和普通黏土揉捏而成，燃烧时气味很难闻。他们把煮过的大米装进木桶（中国人叫它"甑子"）。木桶的底部由柳条编成，呈拱形，覆盖着一张粗麻布。他们先将少量的水倒入灶上的铁锅里，再把装有大米的木桶放进铁锅，用一张湿的麻布环绕

---

① 吕伦堡荒原和奥登堡沼泽，德国的两个地名。阿思密曾经在这两个地方服兵役。

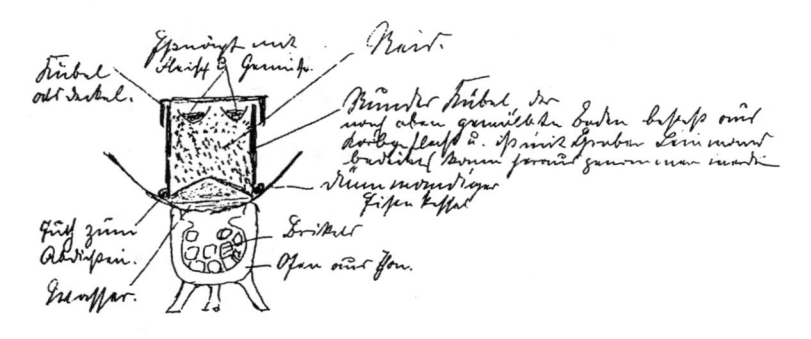

船上中国人煮饭的炉灶和蒸锅图（阿思密手绘）

挤压在木桶与铁锅的间隙，以免蒸汽漏掉。木桶里的米饭上通常还要放几只装有肉和蔬菜的小碗。然后，再用刚才淘洗大米的那只木盆盖住木桶。过不了多久，薄壁铁锅里的水就沸腾了，蒸汽通过柳条桶底进入木桶，在半熟的大米间穿透弥漫，最终使大米再次膨胀，直至松软，米饭就熟透可以吃了。（顺便说一句，这方法就像人们在紧急情况下给绷带消毒。）

煮熟的米饭雪白晶莹又疏散，颗粒圆润，几乎是干的，不像在德国常见的那样是黏稠的一团。他们烹饪其他食物也很注意卫生，至少比对他们自己的身体卫生得多。蔬菜，主要是卷心菜，会被很仔细地清理和洗净。我还惊讶地看见，纤夫们用餐前通常会洗手。

昨天发生了一件有趣的事：他们从一条在河里划来划去的小船上买来猪肉，然后厨师用一把大约一英尺长、后半部是尖刀的镊子，把猪毛一根一根地拔下来。我站在旁边看了一会儿，讲了一则古老的德国笑话，说这头猪不懂礼仪，出门前就应该净身剃胡须的，惹得他们哄堂大笑。他们用各种腌菜和泡菜当配料来烹饪猪肉。我一口没尝，这些腌菜和泡菜有一股我不喜欢的亚硝酸盐味。

我的男孩很快就成为一名完美的厨师：布丁甚至蛋糕，他都会做了。在我看来，中国人个个是烹饪天才。他们天生爱吃，而且重视吃，讲究吃，从不吝啬在吃这件事上花费时间和精力。这一点，从最简单的苦力们的饭菜就可以看出。他们吃的只是少量的豆角配米饭，但豆角会被很耐心地处理，要先撕掉每一根豆角上的筋，再清洗，最后再放进炒锅里加盐和辣椒炒熟。我们德国人吃豆角从来不会这么麻烦。我们从不撕筋丝，也几乎不洗，通常的吃法是放进水里加盐煮熟就捞起来吃。

这里的煤因为含有大量硫黄，燃烧时会散发难闻的气味。幸好煮饭的锅是中国各地常见的很薄的铁锅，需要的热量不太多。

1906年3月30日

我们像往常一样，早晨7点出发。天气看起来很不错，尤其是有上风，即风从下游往上游吹。我们升起风帆，借风力协助纤夫拉船。8点，经过了一座很独特秀美的小寺庙（从远处看），它孤独地伫立在南岸的山上。下面有一条小急流，是由北岸伸入河里的一道石梁形成。那石梁引起我的注意,因为它是一种红色的岩石,几乎垂直地插入河中,像一块竖立的浮冰。我认为是红砂岩,想起了立德乐①所写的《远东》一书。但他在书中没写到红砂岩。我决定下次见面问问他。这次在上海,我特意去拜访了他和他夫人,他们也即将去重庆。在这些红砂岩的底层,我还发现了大量灰色的石灰岩,也许还有花岗岩和片麻岩。

9点,我们接近业滩②。以现在的水位,它是扬子江上较大的险滩之一。现在这个季节的险滩都有一个共同特点,在夏天高水位时行船的风险反而较小,因为水里的礁石和岸边伸进水里的石梁都被深埋到水底了。

我们沿北岸逆流前行,经过了河中间的一块巨石(石桩③),来到一股急流前。急流围绕着隆起的巨石猛烈地打转。那里有一艘载货大帆船正准备闯滩。

我对着载货大帆船的前甲板按下快门。从这张照片上(见下页下图),可以看出很多信息。船头有巨大的艉舵和几名掌舵人、一名引水员以及另一个男人;照片最左边是两个擂鼓手。还可以看见四根纤绳,两根被纤夫拉着;第三根横向陆地,盘缠在岸边的岩石

---

① 立德乐(Archibald Little,1938—1908)英国冒险家、商人、作家,第一位驾驶蒸汽轮船通过三峡到重庆的西方人,其位于重庆南岸的立德乐洋行旧址至今仍在。
② 业滩,又名泄滩、叶滩等,西陵峡"三滩"之一。
③ 石桩,原文 Sze-tzwang。

业滩(远景中可见奥利号法国炮艇)

载货大帆船的前甲板

上；第四根环绕着前面两根纤绳，形成绞索。帆船就这样被巧妙地牵引着，充分利用平行四边形的力量，有点像飞船，只是这里的幅度没那么大。

首先，艞舵和两根纤绳在船的中轴线上，船向北部水流的中轴线行驶。然而，方向舵（艞舵）打向船的左舷，船就与水流形成锐角，但两根纤绳保持着被牵引的方向（右前方）。在这条船上，纤绳是被捆绑固定在桅杆上的，这就决定了纤夫和船的角度和距离。流水被行船分成两股，与这两根纤绳在力量中形成平行四边形，船就斜向着水流逆行。横着的那根纤绳和环绕在两根纤绳上的绞索，是为了安全。此时船在急流的中间，方向舵打向正前方，绞索将两根纤绳的力量拉向船头。两个鼓手在疯狂地擂打牛皮鼓，船在被急流向岸边推动，进入偏北的水流中，一点一点向前移动。这样的过程不断重复，就完成了船的逆流前行。想简单地顶着中流向前行驶，是不可能的。

下面这张照片（见下页图）是刚才那艘载货大帆船从北岸急流中驶出的瞬间。你能清楚地看出风帆的结构：竹竿如何交错地插入帆布的宽带而形成布墙。挂在船尾的巨大绳卷就是纤绳，是由竹子削成的细长篾条编织而成。

又有渔夫在捕鱼。我在塔洞滩也看见过渔夫捕鱼。但在这里，我看见了也许是世界上独一无二的捕鱼方式：渔夫们潜入奔腾的河水中，在大约3米深的水下用手抓鱼，然后用嘴咬住游回岸上。用

载货大帆船的船尾

业滩段的渔民和乱石滩

这种方式捕鱼，成功率居然也不低。不，他们几乎次次成功！鱼被他们紧紧地咬住头，摆来摆去挣扎的样子，看着让人很不舒服。另外一些渔夫则用竹竿叉鱼。竹竿很长，一头镶有铁尖叉。他们叉鱼也几乎百发百中。这里的鱼太多了，价格便宜到令人难以置信。我买了一条，差不多20磅，只花了16文铜钱，相当于80美分，或1.6德国马克。

下午我们又经过了两处小险滩——八斗滩①和沱口滩②。在过

---

① 八斗滩，原文 Ba-to-tan，也称上、下巴斗。
② 沱口滩，原文 Tjo-ko-tan。

第二个滩时,我们的纤绳断了,船被冲向下游大约100米远,遇到一股回水,搁浅了。我想,不错,当你知道自己会游泳,而且还游得很好,就不会太害怕了。另外我坚信,很多人根本无法想象这种危险,因为他们不知道这种急流的凶猛。

1906年3月31日

我们的船先在丘陵间前行,岸边时而是耕地,时而是沙滩或乱石滩,直到12点,前方才又出现了高耸的石灰岩悬崖,那上面只稀稀疏疏有些植物。约40公里长的巫山大峡开始了。这里风景如画,在入口处北岸的山梁上,有一座美丽的观音庙。据说观音菩萨是慈悲佛陀的化身。

这个峡的入口叫官渡口,两岸悬崖如此陡峭,以致在低水位时根本没有纤夫道。如果水位高,就像我在牛肝马肺峡所见的那样,纤夫可以在山壁上凿出的小栈道爬行。天气晴好,风和日丽,水流平缓,一整天,我们都在美妙动听的号子声中愉快地划桨前行。号子声在峡谷里回响,就像两岸的石灰岩峭壁在列队歌唱。

这个地方两岸的石壁,看起来像一大堆没有燃烧彻底的旧报纸被扔到这里堆集而成。每张报纸大约一英尺厚,微微倾斜着紧叠在一起。但在另一个地方,两岸的石壁又像厚厚的浮冰,粘连着矗立在一起。那些石灰岩看着像凝灰石,貌似石化的巨大沐浴海绵。另外一面山壁又像一块石化的巨人时代三明治,黑麦面层

巫山大峡（一）

和白麦面层相互交替，但白麦面层被冲掉了一些，较为坚硬的黑麦面层凸现出来，形成被侵蚀和洞穿的表面。

我在介绍平善峡时已经提到，石灰岩壁上的垂直水槽是雨水冲刷的结果。在这里我上岸了，想更近距离地观察和研究一下。我想起立德乐在他的另一本书《穿过扬子江的峡谷》里有相关描写。我发现书里的内容得到了证实，但比例比立德乐写的更大（如果我没记错的话）。这些水槽都是半管形状。管道就像钻孔，钻力是水流，工具就是坚硬的石头。在那些浑圆的、口大底窄的石洞里，洞壁光滑得如同被打磨过，洞里还常有坚硬的石头。我尝试着拍照，但没成功。在那张鸟瞰红船的照片上，能看见前景的石板上有很

巫山大峡(二)

巫山大峡(三)

鸟瞰红船

多洞，但山崖上的水槽不够明显。

下页上方的照片，显示了整面有垂直水槽的峭壁。有的水槽略为蜿蜒曲折，像有蚯蚓在石壁里爬行穿过，或者像石化的瑞士奶酪。在这里，我又看见了红砂岩和煤矿层，这是沉积岩层形成的证据。

夏天高水位以上的山坡生长着植物，但几乎没有耕地。河面有很多小贩划着小船卖东西。我还看见有人住在山壁上的洞穴里。但我无法确定那洞穴是否形成于远古时代。在一处被河流冲积形成的大沙滩旁，我们停下来过夜。

有水槽的石灰岩壁

岸边有洞的岩石

1906年4月1日或2日

继续在峡谷里前行，有时在悬空的峭壁下穿过，闯过一个又一个较小的险滩——都是被汇入扬子江的溪流带来的乱石冲击而成。

船过夔州时，我睡着了。我们还过了湖北与四川交界处的巫山县。那条通往内陆的国家商贸公路，就在这里终止。如我前面所说，因为张之洞没钱了，湖北路段也没有完工。我们再次在峡谷里过夜。夜半时分，我突然感到船在奇怪地摇晃，往外一看，是我们的船在河中漂移。原来河滩上系缆绳的大木桩松动了，两根缆绳也断了。风很大，是上风，把高高的船尾往平缓的河水上游推移。我叫醒了船工们，他们睡得太沉，居然什么也没感觉到。我们没有安排人守夜值班。幸好问题不太严重，红船的船长也醒了，他大大地奚落了我们一番，说我们的船工太厉害了，很懂得如何泊船，而且技术相当不错。

在一处落差较大的河段——跳石滩，我们的纤绳再次断裂。碰巧前方不远处是沙滩，纤夫们就上船划桨，把船划到沙滩前停靠，更换纤绳。

终于出了峡谷，进入开阔地带。我们也因此再次进入险滩密布的河段。这里紧挨着四个险滩，依次是碾子堆[①]、种子藤[②]、小

[①] 碾子堆，原文 Tio-tse-dre，德文注释：Läeufer-Schnelle。

[②] 种子藤，原文 Chung-tze-teang。

巫溪、大巫溪，都是因北岸巨大的石滩而形成，水急，滩浅，暗礁多。

巫山峡的出口处是巫山县城。这里的山势不那么陡峭，土质松软，适宜耕作，因为地下是红砂岩层。在巫山县城的对面，河水冲出大片沙丘斜坡。那里有一艘被从中锯开的走私帆船，船身贴有告示。

我坐在岸边晒太阳，一边等待我的船屋，一边欣赏如画的风景。附近的中国人立即拥来，把我层层围在中间。他们静静地蹲在我身边，轮番对我进行采访：你是谁？你从哪里来？你要去哪里？你多大年纪？你有几个孩子？你手里的盒子（相机）是什么？贵不贵？你身上的卡其布外套值多少钱？珍珠贝纽扣呢？为什么你说的话跟我们说的不一样？等等。直到我站起身来不再回答，他们才慢慢散去。

这真的需要极大的耐心来应对和忍受。他们不仅什么都问，还什么都摸。摸我的衣服、手里的相机和手背的汗毛，有个人还摸我的头发！他们还毫无顾忌地当面对我评头论足：啊，他不会说我们的话！他才来几年。要想学会我们中国话，最少需要二十年时间甚至更久！（一些简单的中文我能听懂！）

好吧，他们说得对。我的船工们也这样认为。可仅仅因为我不会中文，或者我的中文不够好，船工们就认为他们比我有文化，这就有点过分了。他们没上过学，不识字，甚至不会写自己的名字！我让我的男孩告诉他们，如果他们再用我不擅长的中文来贬损我，我就用至少三种他们不懂的语言回敬他们。事实上，除了母语德语，我的英语和法语，还有拉丁语，都相当不错。他们听了很惊讶，这才对我竖大拇指，说你很厉害！你很好！这就是我对他们的反击。这样做他们能理解，也能接受。

紧挨巫山县城的上游方向突然响起枪声。后来听说，枪声来自河湾里的一艘浅水炮艇。他们拦截了一艘帆船。有官员登船查获了走私的盐和鸦片。

下午，我们经过了一处很大的险滩。也是由一条小溪（雨天它就是一条小河）汇入扬子江后带来的大量流沙冲击而成。北岸的险滩叫下马滩，南岸的叫将军滩。两滩之间的河道中间，江水汹涌东流，一泻千里。

1906年4月3日

红砂岩区域很引人注目，尽管有的时候，尤其在北岸，上面覆盖着石灰岩。南岸高而圆润的群山，由下而上都是耕地，葱郁的绿色在裸露的红砂岩层上格外醒目。一大早，我们就轻松过了两个险滩——三缆子滩和田滩。后者的北岸有一面石灰岩山坡，那里近期可能发生过泥石流，因为那山坡上有一道看起来较新的大裂缝，从山顶一直延伸到河边，形成一条宽约50米的乱石滩，也在河里造成一处险滩。那下面肯定有船出事了，因为山脚下的河边有船底板，一些木板、横梁什么的也散落在水边。

山形在不断变化中，一个峡谷引起我特别的注意，在南岸，名叫石开峡，即石头裂开的峡谷。临近河边，平缓的山峦起伏连绵，由下到上全是耕地。但后面高耸着一道山梁，山梁中部突然断裂，山壁几乎垂直切入峡谷。那山明显是石灰岩，前面的河边却是砂石岩。

我下了船，爬上北岸的斜坡，想去看看上面的公路。那是一条很不容易建造的公路，肯定耗资巨大。路并不通向宜昌，只是一条地方的公路，把附近的几个乡镇连接起来，规模很小。在山隘口，我只看见一个男人在公路上行走，也没看见汽车的影子。这山体的岩石风化严重，有的地方已经碎裂。土地的颜色很丰富，有红色、棕色和赭黄色等，由风化的碎石颜色决定。这里种植的主要有豌豆、豆角、大麦、小麦和花生等农作物，一切都显得井然有序，尤其在较高的地方。那里大约耕种的时间还不长。

走了很长一段路后，我看见了第一家四川农舍。那是一间前面几乎完全敞开的十分简陋的茅草小屋，掩映在混杂着棕树和松树的竹林中。屋前晃动着杂种狗、猪和鸡，以及几个小孩的影子。一条小溪从背后山上的密林中哗哗流下，灌溉着小屋旁边的农田。

我在一处险滩旁又上了船。那是一处由河流冲断的砂石山梁形成的险滩。在河流的两岸，残余的砂石山体裸露出陡峭的石壁。

下午2点，我们又来到一处需要划桨航行的河段，因为岸边没有纤夫道。这时，典型的四川天气开始了，天上飘起毛毛雨。这个峡谷名叫风箱峡，其中的一部分也叫黑石峡（北边和南边都是黑色的岩石）。

这段峡谷虽然很逼仄狭窄，却异常美丽，地理结构上很有特色。遗憾的是，我在这方面的知识很有限，既不能分辨岩石的种类，也无法说出成因和特征。峡谷在这里朝西南方向转了个急弯，转角处左岸的砂石岩上有一个山洞，那应该就是风眼吧。转角处确实风力巨大，但只是从那里开始。之前我们被左岸的大山保护着，感受不到。现在出了保护区，顺着风向转弯，感觉非常明显。

这里名叫台子沟①，有带洞穴的岩石和一些建在岩洞下的小棚屋，还有石壁上刻着汉字。但我的男孩无法翻译。我猜想，可能跟经过那附近的一条公路有关。

岸边的岩石层又有变化。就像我刚才描写的那样，那下面主要是石灰岩，在河流和雨水的冲刷下正慢慢分解。但石灰岩上面，又升起陡峭的砂石岩，高到令人眩晕的程度。尽管山坡上长满植

---

① 台子沟，原文 Tai-tze-go。

风箱峡(一)

被，石灰岩的底部却完全裸露。强劲的风吹着我们的帆，几乎不需划桨，船就出了风箱峡。在峡谷出口（其实也是入口）的北岸，可以看见两座嵌有铁柱的石岛。那是用来停船时拴缆绳的。再远一点，一块形状笨拙的礁石冒出水面。他们说那是羊睡峡。我想，那石头应该象征了一只睡觉的羊。

　　大约半小时的扬帆航行后，我们的右侧，即扬子江左岸，出现了一片巨大的石滩。石滩上有无数小茅屋，还有可怕的浓烟升腾。那是臭盐碛，即煮盐的地方。我已经阅读过相关资料，在紧挨夔府①

---

① 夔府，奉节的古名。

风箱峡（二）

　　下游方向的河边石滩上，有一口很大的盐井。夏天涨水时，盐井会被淹没。但整个冬天和春天盐井会裸露出来，都可以采盐。

　　盐井巨大，呈四方形，约十米见方，深及地下水处，用长方形条石和横梁支撑加固，有梯子下去。无数的苦力就用两只大桶把盐水从井底挑上来。盐井周围有很多原始简陋的净化池。一些盐水被直接倒入池中，进行净化，另一些被竹筒管道转移到别处。在每一个净化池旁边，都建有三到四个低于地面的灶坑。这些灶坑里烧的是当地储量丰富的煤，即使这种煤只能在某种程度燃烧（不能完全燃烧），灶坑里的火也会一直燃烧不停，煮着上面大铁锅里的盐水。用这种方法提炼的盐看起来非常干

台子沟岸边的石壁

净，但嗅闻起来有煤味或一股烧焦的气味。人们告诉我，这里有300口铁锅在煮盐，但那只是中国人的数字。因为当我问有多少净化池时，得到的答案是400个。这里正是夔府前面的河边。

是黄昏时分，天色已暗，很遗憾无法进城了。不过我也为此感到庆幸，因为不必去拜访当地长官，省掉一套烦琐礼节。不幸的是，突然来了一个警官，他莫名其妙地收了我一千文小费，这事让我有点生气。好吧，这种事在中国并不少见，翻译家威尔德和一个法国人也遇到过，这是我在他们给我的书里读到的。对了，我在宜昌也遇到过这种事，对方是一个自称"为扬子江里的无名尸

夔府峡

募集安葬费"的慈善机构，让我捐了1美元。怎么说呢，当你即将逆行扬子江，去穿越那些危险的河段时，对于迷信的人，这确实能带来一点心理安慰。

1906年4月4日

一整天，我们都在顺风里扬帆前行。视野越来越开阔，两岸与河流接壤处的砂石岩不再像下游坠入河里的石灰岩那样陡峭险峻。一切都变得更加柔和、平缓，两岸的植被也更多更丰茂。砂石山只有当某处遭遇石灰岩的推挤突破（地表的推移和褶皱）而高耸，砂石岩才会升高突起。我不太喜欢这里的地貌，相对于雄奇险峻又变化万千的石灰岩区,这里太单调乏味,就像穆尔河①相对于内卡河,缺乏挑战和刺激。但这里比较富裕,山峦由低到高都种满庄稼,只是两岸的河边还不见稻田和罂粟地。

一整天都平安无事,傍晚我们又过了一处险滩——马坝滩。在南岸的砂石山坡上,有一个名叫安坪的小镇。我坐红船过滩(这里的水位落差较小,不危险,船可以安全渡过),但我的船屋顺水漂移了一次,因此等我们安顿下来,已经很晚了,天也黑了。

1906年4月5日

这个地区也一样,水流更平缓,两岸植被葱郁,群山呈现出某种规律,看起来像被磨去了棱角的金字塔,带着自然的轮廓。这与它们的成因相符。四川省,费迪南德·冯·李希特霍芬②笔下的"红色盆地",从前是湖泊。扬子江穿过横亘着的石灰岩山脉,又穿过砂石地层,一路向东,冲破了宜昌峡谷上游的片麻岩和花岗岩群山的阻拦,寻找奔向大海的出路,也致使它流经的四川湖泊深厚的红砂石地层缓慢分解和下沉。现在扬子江让湖盆裸露出来,

---

① 穆尔河,原文 Murr,德国的一条小河流,是内卡河的支流。
② 费边南德·冯·李希特霍芬(Ferdinand von Richthofen,1833—1905),德国旅行家、地理地质学家,在其著作《中国:我的旅行与研究》一书中,首次提出"丝绸之路"。

新龙滩也有人捕鱼

逆行新龙滩

新龙滩

新龙滩，纤夫们正在拉纤

我的船屋桅杆断了，只能靠拉纤前行

周边山上的溪流都涌入盆地，把砂石地层冲出深深的沟壑，以便抵达主河道。

1906年4月6日

下午2点，我们又过了两个小险滩——绵鸡子滩和冬缸子滩①，然后在小城云阳前停泊过夜。

这是"黑色的一天"，尽管天气很好。首先，在经过一个无名的小险滩时，我们的纤绳断了。船屋漂移了很长一段距离后，才

---

① 绵鸡子滩，原文 Mian-tchi-tze-tan；冬缸子滩，原文 Tung-gang-tze-tan。

被船工们控制住。然后我们换了纤绳又继续前行,一直到11点左右,新龙滩进入我们的视野。作为标志,这里并非"一无所有"。隔得老远,就看见南岸的石坝上晾晒着大量布匹——一艘碰礁翻沉的帆船运载的货物。

这个险滩是近年才形成的。据说在1896年,一场漫长的雨季后,岸边有一整片带耕地和房屋的山坡突然塌方,滑向河里,形成了此滩。这里水流的速度相当快,危险的河段也很长,船行此处,需要更多人拉纤才能过滩,于是岸边就汇聚了很多纤夫,也形成了很大的纤夫村。这段河道的运输相当繁忙,从上午11点开始,有10艘大帆船逆流而上,也有至少10艘大帆船顺流而下。擂鼓声咚咚咚地响个不停,为纤夫们加油鼓劲,也让这群山中的峡谷失去了宁静。

我们沿北岸逆水上行,那里停泊着很多大帆船,都在排队等候依次前行。其实急流的位置更靠西边(南面)。所有的帆船都在一道小石梁的保护下,而这道小石梁同样也形成了一条小急流。我们强行靠着那些帆船前行,想闯过那条小急流。尽管我们竭尽全力,强劲的水流和上风还是猛烈地将我们推向石梁。只听噼啪一声巨响,我站在船舱门前,抬头一望,只见我们的桅杆正在向下倾斜。随着又一声更大的脆响,它彻底断了,从我们的顶篷朝后倒下,砸向旁边的帆船。

"天降好运!""好运到了!"所有人都在尖叫,包括我们的船工和邻船的船工。短暂的惊慌和混乱后，桅杆被搁放在船顶上。我们就靠拉纤过了险滩，然后靠岸停泊。这时我很好奇，想看他们怎么修理桅杆。

船靠岸后，船工们把桅杆抬上岸。用手斧、锯子、凿子、小扳手等工具，先把桅杆断裂处的两端锯成斜角，无缝对接在一起，再附上竹竿加固，用铁丝把竹竿和对接好的桅杆紧紧捆绑在一起。桅杆的顶部再接一根几米长的木棒，木棒的末梢再接上竹竿作为桅杆的顶。天黑之前，桅杆又在船上竖起来了。

仅仅借助几样简单的工具，他们就快速完成了桅杆的修理，这简直让人难以置信！在这段不得不闲下来的时间里，除了看船工们修理桅杆，我还对周围其他的纤夫进行了观察。我发现，这里的人无论男女老少都在拉纤。小孩子还在蹒跚学步，尚不能正常走路，胸前就套上拉纤带。妇女们被缠裹过的小脚似乎也不影响她们拉纤。她们的身体被小脚支撑着，行动看似也能自如。我远远拍了几张照，很遗憾，都不够清晰。

有两艘帆船停靠在这里。也许因为逆流闯滩需要轻装上阵，船上的一部分货物被卸载下来。那艘在落狗滩不幸出事的船，可能跟它们是一伙的，因为运载的都是同样的货。有的货箱上还用法语写了"小心轻放"等字样，我估计是法国医院的用品。河滩上的铁架子，很明显是医院的病床床架。

1906年4月7日

　　早晨，我们刚过6点就出发了。桅杆支撑得不错，由于有顺风，我们靠着风帆前行，直到下午很晚。地势越来越开阔，耕地越来越密集，从山脚到山顶，到处是农田。桐树正在开花，为大自然深浅不同的绿色背景点缀了一些温柔的亮色。这种树在此地被广泛种植，据说它的果实榨出的桐油用途广泛。

　　耕地一直延伸到河边，到紧挨砂石层的上面。每一块土地都种满庄稼，即使在岩石与岩石之间，也有狭小又零碎的庄稼地。下午还有一道险滩——土泥板滩①，是由急流中的两座石岛引起。一艘载客帆船在逆水前行。我站在岸边的悬崖上，帆船就从离我很近的河面经过，驶向险滩。最初，前甲板上只有五个人。当船暂停下来，准备闯滩，顶篷下又陆续钻出来更多的人。我很好奇，这些都是什么人。他们笨手笨脚的样子，明显就是一帮文人墨客，也许想去扬子江上游采风猎奇。但此时的他们不得不在船上跌跌撞撞，担惊受怕。那蓄着长指甲的娇嫩小手，很可能会受伤。唉，纤夫们真该多备一根纤绳，把他们拖到上游去。

　　借助强劲的顺风，我们的船顺利地过了滩。当我们想继续借助风势横渡到河对岸时，风却渐渐减弱了。可怜的船被湍急的水流往下游冲去，差一点又被冲回到土泥板滩。这时突然又刮起逆

---

① 土泥板滩，原文 Tu-li-pan-tan。

风，风力之大，让我们的船几乎无法靠岸。直到晚上6点左右，我们才在一艘搁浅的沉船边停下来。河流在这里转了个急弯。五天前，这艘船在猛烈的下风（从上游往下游吹的风）中触礁了。船上运载的棉花和鸦片被打捞起来，铺晒在岸边。人们用席子和船上的顶篷搭建了一个临时小棚。接下来他们该怎么办呢？我无法打探。夜里又起风了，一轮满月升起在空中，大地明亮如同白昼，几乎可以夜航了。真想把这美丽的月光和月光下的山河美景也拍摄下来，可惜我不能。

1906年4月8日

距离万县只有35英里，因此我暂停写日记，得先把几封信写完。

万县位于扬子江北岸，在一道由突出的石梁形成的河湾之上。这道石梁的斜对面，朝上游方向稍远一点，同样有一道石梁由南岸伸进河里。1903年秋天，我们在前往缅甸的途中抵达过那里。这两道石梁让河流从北岸转弯，形成非常漂亮的港湾。河湾的中部是沙质的，那是由一条很深的小河带来的泥沙冲击而成。小河在这里汇入扬子江，把万县城区一分为二。如果你想去小河的两岸办事，会极不方便，因为那些没完没了的石梯会让你不停地上坡下坎，几乎要累断双腿。

我把红船打发走了，给了他们一笔可观的小费，事后我才知道给得太多了。我派男孩带上我的名帖去找县官，请求另派一条

万县天生桥(一)

万县天生桥(二)

万县的桥

红船。然后我把自己收拾了一下，也上岸了。

这里的街道很狭窄，但很干净。自然的斜坡确保了在下雨的时候，垃圾和脏物都被冲下坡去，整个城市被一洗而净。街上有很多店铺，还可以买到欧洲货。我想找一家照相馆，或者找一位摄影师，却徒劳无获。一般来说，在中国，有西方文明抵达的城市，都有照相馆或者摄影师。摄影是西方文明在中国最初的代表，大部分上流社会的中国人都喜欢照相。我的显影液快用完了，可我不想在途中打开我的摄影器材行李箱。

走着走着，我迷路了。1903年秋我来过这里，当时有衙门派

万县的河边，新红船正驶入镜头

来的仆人当向导，我们只是跟着向导走，没有留心记路。现在我很难分辨方向。最后，我终于找到邮局。一个会讲英语的中国人请我去找塔坎多先生。塔坎多先生是英国人，负责万县海关署的外事业务。宜昌的海关署长沃尔夫先生已经把我要来的消息通知了他。

塔坎多先生住在一幢临时租来的中式房子里。人们计划在河湾的坡上为他建造一幢新房。我和他于1904年年初在成都府认识，那时他是成都府的邮政代理。能再次见面，我们都很高兴。他承诺，会亲自处理我的邮件，然后就派男仆带我去找中国内地会的传教士泰勒先生。我跟泰勒先生于1903年相识。现在我得再次请他帮忙，这次是兑换外币，我给他一张汉口德国亚洲银行的50美元支票，他给我中国现金。从宜昌出发时，我随身带了2万文铜钱，但没把给红船的小费预算在内。现在我手头没有现金了。

泰勒先生不在家，他去英国云雀号舰艇了，去回访舰长诺克斯先生。我只见到一位女传教士，同样也是我在1903年认识的。她在中国内地负责一个传教站，回英

万县的天主教徒

国探亲一年，此时正巧路过这里返回内地。她告诉我说，泰勒夫人生病了，被送去巴东疗养了几个月，现在已经踏上回程，也许已经到了宜昌。下午3点半，泰勒先生回来了，带着英国舰艇的舰长和医生回来喝茶。

泰勒先生很高兴地回忆起当年我们相识的情景。他还收到了我从巴朗、仰光和科伦坡寄出的明信片。在等待从中国银行取钱期间，我们玩了槌球。6点钟左右，钱的问题解决了，两个英国人告辞离去。他们邀请我同行，去舰艇上坐坐，我很高兴答应了。在舰艇上，我又见到了邮政代理塔坎多先生。

舰艇上的夜晚时光很愉快。云雀号已经在万县的对岸和重庆

驻扎了五年之久。两位先生也已经在舰艇上服役一年,还得再待一年。英国人在岸上有一幢带回廊的平房,法国人也一样。如果不到舰艇上工作或者去附近的河道巡游,他们就住在岸上的房子里。他们说,除了舰艇上的船员,重庆还有一百多名欧洲人。"那里的欧洲人太多了。"法国舰艇奥利号的舰长和夫人已经在重庆很久了。云雀号即将启航去重庆,可能会在重庆附近追上我的帆船。现在它在等它的指挥官,要去新龙滩接他上船后再去重庆。云雀号从万县到重庆只需要三天。我们聊了很多,相谈甚欢,一直到11点钟,塔坎多和我才上岸。

1906年4月9日

我们很早就出发了,在浓雾中到了南岸。我的新红船已经到了,他们在红船上放鞭炮,噼噼啪啪,打破了清晨河面的宁静。

雾气升起来了,空气格外潮湿和闷热。两岸非常清晰地显示出砂石地貌的特征,梯田、"石堆形山堡"、山涧溪流从早期的砂石沉积地切出的金字塔山峦(例如来自南岸的白水溪两边)。河边到处是我描写过的呈水平方向的砂石岩层。

山坡上,第一片罂粟地出现了,红的,白的,通常是一块农田一个品种。罂粟被成排种植,其间几乎没有杂草。然而就目前来看,这里更多的还是大麦、豌豆和蚕豆。到处是开花的果树和桐树,把这片郁郁葱葱的绿色大地点缀得五彩缤纷,煞是可爱。砂石岩地层只在河边和梯田的角落可见。

在河流的某处，我们很不走运。远处有些不得不绕行的礁石，我们尝试了四次才成功，因为奔涌的水流总把我们的船屋推向礁石，我们不得不一次次掉头重来。后来我们又过了两个险滩，一个是涪滩①，它现在很小，但高水位时很可怕；另一个是下午过的，名叫沙墩子滩②，同样是由南岸的一条小河冲击而成的碎石滩形成。

1906年4月10日

下雨了，空气依然潮湿又闷热。在北岸的小镇武陵附近，我们掉头驶向南岸。大约中午，天空刮起了强劲的"上风"，我们升起风帆，快速逆流而上。

河道有时变得格外开阔，就形成了很多浅水区。浅水区很危险，我们必须远离。有很多帆船朝着同一个方向前行，一些"五舨"小船从我们旁边驶过，船上是参加婚礼的人，可以清楚地看见船上都是婚礼用品如大红轿子、祖宗牌位等。据说婚礼在石宝寨举行。

这个地方以一块奇特而巨大的岩石著称，一块200多英尺高的砂石岩，岩壁陡峭，孤零零地矗立在小镇所在的山丘上。砂石岩窄的一面朝向河道，横截面为三角形，上面高耸着一座寺庙和一尊宝

---

① 涪滩，原文 Fu-tan，也称大胡滩。

② 沙墩子滩，原文 Sza-ten-tze-tan。

河边呈水平面的砂石岩层

武陵镇岸边的砂石区

石宝寨（阿思密手绘）

塔。宝塔依庙而建，即塔只有一半高耸在空中，另一半陷入寺庙里。当晚我们行驶了很久，因为没找到合适的地方停泊。

1906年4月11日

河面大雾笼罩。慢慢地，雾气升腾，被阳光撕裂变成云团，或飘浮在山头，或沉积在河谷。河谷虽然有时宽阔，但乱石密布，行船困难，因为多为浅水区，纤夫们必须用很长的纤绳拉船。

一整天几乎没有风，多云而阴郁。下午2点左右，我们遇见一条从南岸很宽的峡谷里流出的小河，名叫滩头嘴河[①]。小河与扬子江交汇处的山叫红花山（是因为山上开红花吗？）。下午的风景又

---

① 滩头嘴河，原文 Tan-to-chüe-ho。

是砂石山。只在南岸的某处，河水冲出的河床直达岸边的山脚。这里的纤夫道肯定是人工筑建的，台阶是用长方形的条石铺成。这种条石一定既便宜又很容易获得，因为附近到处是被风化分解的砂石块，光滑平整，就像是被精心切割打磨而成。紧挨着被河流冲垮的一座山的上游某处，有一堵陡峭的黏土墙。旁边从山上滚落的巨石，看上去完全像成品的砂石，它们跟黏土墙有相似的纹理和裂缝，因此在我的想象中，砂石是由黏土类的沉积物形成。

这里的山上生长着大片竹林，即所谓的楠竹，可以用来编制纤绳。在很多地方，比如航道旁的石岛和岸边的石滩上，都有售卖纤绳的小贩。纤绳被盘成一大卷，就像过去卖烟草那样，按不同的粗细卷起来出售。

大约7点钟，我们靠近忠州——一座位于北岸的县城，地理位置很不错。有人指给我看一座黑色的小塔——显福寺①，在紧挨县城的下游方向，但我并没看出它有什么特别之处。实际上它是一座风水宝塔（降妖除魔，保平安）。宝塔位于南岸的高山上，能从远处遥望。

在这里我们又换了红船。又出了一笔小额捐款。

---

① 显福寺，原文 Hsien-fu-tze。

万县到重庆之间的砂石岸（一）

万县到重庆之间的砂石岸（二）

万县到重庆之间的砂石岸（三）

万县到重庆之间的砂石岸（四）

1906年4月12日

清晨醒来后我发现船没动。"为什么还不开船？"我问。"下雨了！"我的男孩简洁地用中文回答。原来下雨时不能起航。下雨就该休息，即使打仗，双方也该暂停，至少体面的人不会在下雨时打仗。

上午10点左右，天空放晴，我们出发。红船来了，三个鬼头鬼脑的家伙划着它，另外两个同样鬼头鬼脑的家伙在我们船上。他俩穿着清兵制服，在我的船舱门前东张西望，无所事事。我立即叫他俩走开。前甲板是船工们工作的地方，已经够拥挤了。

又是同样的江景，两岸的群山几乎同样高，山形圆润呈金字塔形，梯田层层，种满庄稼，只有极少非常陡峭的地方除外。大片的树林，不仅有商业性的树木，还有针叶树。罂粟的种植越来越广泛，田野的颜色也越来越丰富，可惜我的相机拍不出色彩。我数了数，一座山大约有二十种有细微差别的不同颜色，从贫瘠的河沙地里大麦最浅的黄绿色，到山坡上松树最饱满苍郁的墨绿色，其间还有油菜花明艳的黄色，罂粟花的白色、红色甚至紫色，然后是不同的果树像灯光一样绚丽的彩色。两岸的风景像画卷一样缓缓展开，四川真是名不虚传的天佑宝地！

河里又出现一些礁石，还有长长的石梁，仅高出水面一两米。其中一道石梁旁有巨大的漩涡。我们绕过去，驶向对岸。我正躺在船舱里看书，船突然像受惊的马一样急促地旋转起来。我不明白发生了什么，探头去看，见船工们正在全神贯注地拼命划桨，高吼着号子，丝毫不能被打扰的样子，我就没问，只在心里纳闷，他们为什么这样？不得不说，刚开始时，我认为他们的这番操作实属多余。

原来有一艘跟维京人的"龙船"相似的大帆船（有巨大的长方形风帆，四对桨，桨手背朝船头划桨。也许我明天会拍张照片，今天天色不好）突然率先旋转起来，从前方的漩涡中心冲出来，顺着激流朝我们撞来。我们的船工见势不妙，立即转舵掉头，还飞快卸下支在两边船舷的木桩和桨座，才避免了被它冲撞。随后双方发生了激烈的争吵！我们的船工大声责骂对方，对方也不示弱，大声回骂我们。吵骂得那叫一个热闹！

大约下午4点，我们在一处河流拐弯处，经过了一座巨大的种满庄稼的岛屿。岸边有些看似不属于这里的大石块，它们有的像凝灰岩，有的像砾石和碎石混合组成的沉积岩。

紧挨着我们黄昏时分停泊休息的地方，在北岸的大约高水位处，有一块写有白色汉字的长方形巨大岩石。很遗憾，我的男孩不能为我翻译，我就让人把它抄写下来，准备到重庆再请人翻译。我猜，也许是政府的告示，提醒大家河里的某处很危险，

万县到重庆之间的沉积岩河岸

要注意安全。这天我们一直航行到天色全黑,最后横过宽阔的江面,在一个停泊着很多载货大帆船的地方停下来过夜。此处叫羊渡溪①。

1906年4月13日

又是阴天,偶尔还下雨。我们仍然很早就出发了,但我无法说出准确时间,因为我的手表不知何故罢工了。我不想打开行李箱找别的手表。在家里准备行李时,我说要多带两块手表,有人还摇头表示反对(一块手表大约要14马克)。如果听了他们的话,

---

① 羊渡溪,原文 Yang-du-tchi。

岸边的罂粟田

现在我该如何知道时间？

风景大体上都一样，可以算得上美景如画。又过了几处险滩，例如拖蛋卡①，那里有很多露出水面的礁石阻碍航道；再上行一点是慢鸡子②。中午12点，我们经过了南岸的三塔镇③。现在，两岸的罂粟种植大约占耕地的四分之三，大部分花都凋谢了，罂粟收割的季节到了。

人们怎么提取鸦片呢？他们先把每颗罂粟果拿在手里，用一

---

① 拖蛋卡，原文 Tio-dan-ké。
② 慢鸡子，原文 Man-chi-tze。
③ 三塔镇，原文 San-trä-tsen。

种工具从罂粟果顶部到茎部划五条裂缝。该工具是一小节竹子，镶有五把铜片小刀。刀片间的距离约2毫米。白色的果汁会从切口呈点滴状溢出来，慢慢变干凝固，变成棕色。第二天，把凝固的果汁刮脱，从罂粟果的相反方向，用同样的方法再操作一遍。用这种方式收集的生鸦片，会被揉捏成特定重量的饼或球，按不同的种类和价格出售。

在宜昌时，我们计算过，抽烟者对鸦片的平均支出少于饮酒者对酒的支出，这当然是相对于他们的收入。只有一个问题：饮酒简单快捷，不需要特别的准备和器具，在紧急情况下，比如我们的船工，工作时也可以上喝两口。抽鸦片则需要更多时间，也相对麻烦。至于对健康的伤害，如果抽鸦片者营养良好（通常情况下并非如此），似乎并不那么可怕。为了避免抽鸦片对健康的影响，他们把鸦片做成小丸子放在嘴里咀嚼，或者泡在茶水里饮用，结果呢，现在人们吃得更多了。

在万县，泰勒办了一个戒烟所，他对我讲了一件事：一个男孩受父亲影响，从四岁（四岁！）开始接触鸦片。他总是在父亲抽鸦片的时候，把手指伸进父亲的烟罐，然后舔食。这孩子八岁时已经严重上瘾，被送到泰勒的戒烟所才戒掉烟瘾。在我认识的众多传教士中，泰勒是少数几个让我敬佩和有好感的传教士之一。他不去给人洗脑，俘虏别人的灵魂，也不炫耀发展了多少信徒，让多少中国人皈依了上帝，他只是默默地帮助别人。

很晚了，我们才抵达酆都县城前的岸边，停泊休息。

1906年4月14日

又是温暖而美好的天气。整个上午，我们都在风景如画的地区航行。遗憾不能拍下远方的风景，因为所有的远方都笼罩在蓝色的云雾里，拍下来就跟天空一样。但一些河岸的照片非常清晰。比如在北岸的一片岩石区高处，有一个带顶篷的小祭坛（见第204页后的上图），等等。下午3点，我们再次经过了一处险滩，堵死板滩①。

现在的大多数地区，河面开阔，水流舒缓。美中不足的是只有很弱的"上风"，否则我们可以升起风帆轻松航行。河岸平坦且有很好的步道，于是我又上岸步行。傍晚在……②

阿思密日记中不可辨识的原文

我拍了两张不错的照片。很久以前，这里肯定是巨大的乱石滩，然后又冲来大量河沙。河沙与乱石就在强大的压力和时间的作用下，牢固地拥抱在一起了。在有些泥块上，还能清楚地看出

---

① 堵死板滩，原文 Du-sze-pan-tan。
② 如图所示，原文不可辨识。

嵌入的石头。我试着敲出石头,但它们粘得太牢,无法分开。整体看上去,这些泥块就像从一条荒废的路上断裂的石板。

在一条从西南方向流来的小河与扬子江的汇合处,我们的船停泊休息。在这里,两条河交汇的沙咀处,我又下船去观察不同种类的砂石岩,看它们对天气和环境的承受状况。砂石岩中的一层,通常是最上面的一层,显得很坚硬,但也已经分解成块。下面的就不怎么坚硬了。正是它们,让这个地区被冯·李希特霍芬赐予了"红色盆地"之名。砂石岩的风蚀和分解,让这里的土壤变得肥沃。

1906年4月15日

天气阴沉而闷热,暂时无风无雨。我们的船被纤夫拉着,缓慢前行。上午11点经过千溪上[①]时,开始下雨,远方开始打雷。每一次雷声响后,雨水就紧接着倾盆而下,我们不得不尽快靠岸,撑起竹篷,让纤夫们上船躲雨。下午1点左右,我们正沿南岸行驶,随着一声可怕的炸雷,一道闪电击中了岸边的岩石。我以为天崩地裂了,但接下来并没发生什么。空气中紧张的正负电荷突然平衡。这场雷阵雨迫使我们停航三次,真是惊心动魄!下午3点左右,雨势减弱,我们继续前行。几艘木船划着桨从我们旁边顺流

---

① 千溪上,原文 Chien-tchi-shang。

而下，每个划桨者都戴着奇怪的大竹帽。他们说那是斗笠。我看着是帽子和雨伞的结合体。

岸上无数瀑布的轰鸣声不绝于耳，雨水裹挟着泥沙，将溪流染成赭黄色，滔滔不绝地注入扬子江。尽管有多次停歇，我们还是在天黑之前到达了目的地涪州①。涪州城依山而建，非常漂亮，坐落在扬子江南岸涪滩河②的入口。哗哗奔腾的江水中停泊着三艘大船，每艘船的两边都安装有巨大的桨轮。桨轮被流水冲击着旋转，带动船上的研磨设备旋转——这是我在中国第一次看见对水力的利用。

1906年4月16日

又下雨了！多云的四川真是名不虚传。上午9点，我们经过北岸的李渡，这里的标志是两座红色的寺庙。突然，空中飘来一股恶臭，很像乡下粪坑的气味。这气味来自一条小船。它将人类的排泄物收集起来，运送到乡下的农田。这是一条真正的"粪罐船"，一只漂浮的粪便大容器。但更让我们烦恼的是，起"下风"了，即风由上游往下游吹。我们正在逆水而行，现在还要逆风而行，雨还在淅淅沥沥下个不停。

下午2点，我们又经过了南岸的一个地方，那里的标志是山上有一座白色的大庙，江边有一座带三个拱门的石桥。石桥横跨在

---

① 涪州，现涪陵。
② 涪滩河，乌江的古称。

三拱石桥

一条从山涧流来的小河上。山上的白色大庙叫祈天庙①。

下午4点左右,我们必须绕过一座由乱石堆成的巨大石梁。石梁长得似乎没有尽头。风景越来越好,植被越来越多,到处是各种树木和竹林,鲜花四处开放。

1906年4月17日

多云,无雨,也无"上风",必须拉纤和划桨航行。上午我们过了一处险滩——观音滩,由一座高耸的山崖形成。在山崖上面

---

① 祈天庙,原文 Tchi-tien-miao。

观音庙

美丽的竹林和松柏中间,有一座很大的观音庙。我爬上山崖。山崖的转角有一条从石壁里凿出的带石栏的小路,小路高于河面五六十米。这观音庙依山崖而建,里面非常干净,有一个摆有桌椅的大房间,里面还有一些人。见了我,其中的一位立即迎上来,很有礼貌地请我坐,还递给我一杯茶。这些人都衣着得体,态度友好。

然后又来了一位看起来更有地位和身份的人,高级祭司或教士之类,聊起我手里的相机。他似乎很懂摄影,因为他问,这个成像是否很快?我给他看了快门,又用我可怜的中文加上英文对他讲解了这部相机的成像原理和速度,他和那些人都很惊讶。他对他们解释了这款相机的优势,然后他说,也许这是法国货。很显然，他从路过此地的那些法国佬手里见过这玩意儿。

下午4点左右，我们过了最后一道河湾，那北岸有一座名叫长寿县的城市。如同扬子江沿岸的其他城市，长寿县也坐落在河湾里，依山而建，山顶有城墙围绕。那该是一个寨子或者避难所，如同在这一带和在云南随处可见的那样（万县的山上甚至有四个！）。一座很牢固的石拱桥联结着主城区和旁边山坡上的城区。

这里又换了红船，变成一条由三个家伙驾驶的舢舨。也许当官的已经把那条好的红船另派他用。我用中文说了一句："不好。"后来的事实证明，这些家伙理解成"不要"，即我不需要这条船。他们就把船又划走了，只剩一个士兵在岸边和纤夫聊天。我立即叫住他："赶快去把红船划回来！"因为如果没有红船，我就得一直等待，直到有合适的地方靠岸。这很麻烦：岸边水深可泊船的地方，通常只有嶙峋的岩石，没有适合行走的路。我不喜欢在乱石堆里像猴子那样爬行；有平坦好路的岸边又通常水浅，我的船屋不能停靠，因此我必须有红船。黄昏时分，那个士兵划着舢舨回来了，船上又多了一个家伙。

河湾处有了顺风，我们升起风帆，充分利用风力航行。所有的纤夫都上船了，河面宽阔，水流平缓，我们在顺风里轻松前行。有几艘"五板"大船跟来了，不仅撑着巨大的风帆，船上的船工们还都在努力划桨，有一艘船甚至超过了我们！这让我的船工们受了刺激，让他们觉得很没面子（注意：这事关荣誉）。划桨！一声令下，大家也开始拼命划桨，还高唱号子。那声音简直能震破耳膜，我的吊灯都摇晃起来，差点掉落。然后，我们真的超过了所有的"五板"，船工们骄傲地欢呼着将他们甩到身后。

我们停泊休息在北岸一个名叫洛碛的小镇前。洛碛前的河上有一座很长的乱石岛，岛上到处是竹棚，竹子产业欣欣向荣。他们主要生产和加工纤绳纤缆、竹垫竹席、帆船的竹顶篷，以及用于填充床垫的"竹泡花"等，当然也现场出售。我上岛参观了他们怎么生产和加工这些产品。

1906年4月18日

天气还算不错，很凉爽，有"下风"，所以又得拉纤和划桨。我们经过了几处较小的险滩（现在叫"溪"，不叫"滩"）。如果河岸的状况不错，尤其是北岸，不比这之前的糟糕，我们明天下午就能抵达重庆。

两岸都是砂石岩山峦，有时候，整个山壁就是一面裸露的石坡。下午1点，我们经过了一个地方，石灰岩在那里穿过了横亘于河流两岸的砂石山脉。那里有两座煤矿，矿坑口大约3英尺高、2英尺宽，有木制轨道沿坑口伸进山里。那里出的煤看起来像硬煤（无烟煤）。

北岸出现了巨大的砂石岩坡。从船工们紧张而有序的忙碌中，我看出了前方即将有险滩。那是野骡子滩。这一带看起来风景优美，船老大对我说，岸上有一条很好的路。于是我登陆上岸，踏

野骡子滩的纤夫道

上一条不错的小路，慢慢走上石坡。小路很原始，巨石上还有深且光滑的凹槽。那是纤绳经年累月磨出来的。现在纤绳经过这里，仿佛是从滑轮上滑过。在上游方向的河道对面，正是野骡子滩。站在石坡上的纤夫道，可以全景看清野骡子滩的险情：奔腾的河水怎样绕过无数礁石，又掉头冲向岸边的一道石梁，在那周围打转和冲撞，形成无数的漩涡和逆流。

随后不久，"灾难"发生了。我的船正在跟激流搏斗，纤夫们必须绕过石梁，用长得可怕的纤绳拉船穿过汹涌的激流。我站在纤夫道的转角处紧张地观看，发现船突然奇怪地摇晃起来。船工们疯了似的操纵着艚舵，船还在摇晃中顺水漂移。纤绳断了！在不到五分钟的时间里，船已经回漂了很远，眼看就要撞上礁石，人们却还没能控制局面。我紧张得呆住了，眼睁睁地望着我的船跟礁石擦边而过，又继续向下漂移，并最终搁浅。好危险！我撒腿就跑，奋力奔跑了大约半小时才来到船边！谢天谢地，一切尚好！于是我们就在那里停下来过夜，准备第二天继续闯滩。

1906年4月20日

船工们对我说，重庆城的南岸有很多欧洲人的房子。但德国领事馆在城里，而且在离城中心很远的高山上。他们选择在重庆城南岸的海关大楼旁靠岸。靠岸并不顺利，我们经过了多次来回掉头和在江中两次停歇等待，才于下午5点左右成功靠岸停泊。

今天干不了别的事。于是我乘船过河，去领事馆报到。

—— 阿思密

（艾尔克·卡勒、约格·卡勒誊抄自其日记副本，1987年）

第五章　行医重庆(1906—1935)

第一节　概述

重庆位于扬子江和嘉陵江交汇处的半岛上,冬季清冷而短暂,气温在6℃—8℃之间;夏季湿热而漫长,气温可高达40℃。由于多雾,重庆也被称为"雾都"。

1879年重庆注册登记人口有25万,1890年有30万,1918年增至43.7万。到1936年,除去郊区人口,重庆城有户籍的居民达52.8万。

1891年重庆开埠,成为中国内陆第一个对外通商的口岸城市,最初跟英国,稍后又跟日本等国进行贸易往来。

1904年德国在重庆开设领事馆。在重庆创办一家医院,是德国政府向中国传播德国文化的一项政治决策。

1912年,在迈耶[①]的旅行书籍《世界之旅1:印度、中国和日

[①] 迈耶(Meyer),德语游记作家,于1862—1936年出版了系列世界旅行书籍《迈耶的旅行书》(*Meyers Reisebücher*)。

本》中，重庆是一座有61万人口的四川省商业大都市，位于扬子江与嘉陵江交汇处高约30米的半岛上，人们可以在餐馆里住宿过夜，城市周边风景如画。在城市的南岸，扬子江的右岸，有一座名叫涂山的大山。迈耶还写到，重庆是四川红土盆地的主要河港和贸易中心，是一座人口稠密的山城。主城区平均海拔800—1000米，有通航河道穿城而过。这里土地肥沃，气候宜人，物产丰富，主要出口丝绸、兽皮、麝香、大黄、鸦片、五倍子、羊毛、猪鬃等。进口商品有棉纱、羊毛织物等。每年大约有1600艘帆船进出重庆港。

在重庆，除了德国领事馆，还有英国领事馆、法国领事馆、日本领事馆和美国领事馆。

邮局有大清邮政局和法国邮局。

阿思密医生1904年4月从中国返回德国后，在德国逗留了一段时间。这期间，他再次前往中国的计划变得更加具体。去中国工作和生活的愿望如此强烈，以致他解除了婚约，因为未婚妻不愿去中国。

当时重庆穷人的生活十分艰辛困苦，孩子们的肠道寄生虫疾病非常普遍。他们在公共区域如街道、房屋门前、庭院等处随地大小便，更小的孩子在被污染的地面爬来爬去，经常被感染。无家可归者四处露宿，很多都患有呼吸道疾病。低矮简陋的房屋阴暗潮湿，透风漏雨。无论是原始的泥土地面，还是用砖块铺成的地面，都布满垃圾，肮脏不堪。拜佛烧香、吸烟（水烟、大量消费的草烟和鸦片，以及外国香烟）造成的空气污染，也为各种呼吸道疾病提供了温床。人们还随地吐痰，导致肺结核病的广泛传播。因此，作为医生，阿思密在重庆的工作并不轻松。

——克丽斯蒂娜·阿思密

第二节　日记

重庆开花的桐树

1906年4月27日

1906年4月20日下午5点,我们抵达重庆。离开宜昌时,我预计19日能到重庆,结果晚了一天。

天下着大雨。由于晚上不可能办理复杂的海关手续,我收拾了一下,穿戴整洁,尽量让自己的形象"不失国体",过河进城,然后租了一辆轿子去领事馆。我只带了我的男孩和一个士兵同行,好让他们知道领事馆在哪里,以后办事方便。即使在迅速降临的夜色中,我也立即看到、听到和感受到,这座中国内陆大城市的一些特征。

我从城市最东角的朝天门上岸,即嘉陵河①流入扬子江的入口处。领事馆坐落在城市的西角,而且是在很高的山梁上,所以我不得不横穿过整座城市。

重庆城位于扬子江北岸的山坡上,但那并非一块倾斜的平地,而是由许多小路和平台层叠而成,因此人们必须不断地爬坡下坎。下雨的天气,石梯很滑,抬轿人走起来很不容易,我坐在轿子里的感觉也并不舒服。如果你是敏感体质,可能还会感到眩晕,就像晕船那样。此外,有的路段十分陡峭,你会担心抬轿人一脚踏空或者跌倒,让你摔下坡去。但这并没发生,抬轿人虽然看似瘦弱,

---

① 嘉陵河,原文 Kia-ling-ho,指嘉陵江。

却都训练有素，工作经验十分丰富。

街上人来人往，十分嘈杂喧哗，到处都又脏又乱，自然没人关心环境卫生，人们对此似乎已经习以为常。我特意看了手表，轿子从朝天门起步，到领事馆需要45分钟。

领事馆是一幢欧式风格的两层楼房。如前所说，坐落在城西很高的山坡上，远离热闹的市中心，位于有英国领事馆和耶稣会学校之间。后面的山上有一座寺庙，然后就是城墙。

我只见到即将成为代理领事的诺德博士，现任领事魏司①博士过几天要回德国度假，出门跟人道别去了。我立即让两位中国先生离开，因为我决定自己留在领事馆过夜。

魏司博士不久就回来了，我们立即谈论起当时的情况。我听到一些令我不愉快的事，主要是对天气的抱怨、对社会环境的不满等。结合到自己的情况，我也发表了一些看法，对他们的观点不完全赞同。因为每个人的情况不同，比如心情、性格、健康状况、兴趣爱好都不一样，同样的客观条件，就会产生不同的效果。我的座右铭正如霍西②所说：走一步看一步！作为尚未成为领事馆负责人的诺德博士，他发言很少。但两个人都赞同我的观点：在上海开办德国医学堂的事，其办学难度被过于低估，但影响和意义又

---

① 魏司（Fritz Weiss，1877—1955），德国外交官、东方学家。
② 霍西（Alexander Hosie，1853—1925），英国驻华领事、作家，著有《西域三年》等作品。

嘉陵江上

嘉陵江石门

从嘉陵江通往龙王洞的路

通往龙王洞路上的桥

被严重高估。

另一件事情是,重庆一家商号的老板们也想办一所医学堂。这些老板都是有身份和地位的绅士,代表了重庆的上流社会。他们的初步计划是把大约40个年轻人作为学生,安排到政府的劝工局①大楼里进行培训,由老板们私人出资,把他们培训成医生。医学堂的内科教学由中国人自己负责,但外科教学要另作考虑。这件事的发起人和负责人,是一个姓魏的富商,也是这家商号最大的老板,他非常推崇西方文化,出资最多,影响力也最大。他希望医学堂的外科教学参照西方的教学模式,让学生学习西方的医学知识。

据说魏先生倾向于用日本医生。但日本人办的日语学校已经倒闭。领事馆的魏司博士抓住这个机会,向医学堂推荐德国医生去执教外科,医学堂董事会同意了。当日本领事德丸②也向医学堂表示,愿意派一位日本医生担任医学堂的外科老师时,医学堂董事会拒绝了,理由是他们跟德国领事馆的谈判进展顺利,不能中断。

现在,医学堂董事会为我拟了一份工作合同,但合同只明确了医生的责任,没有明确医生的权利。我当即拒绝签署,并另拟了一份,准备请人翻译成中文递交给他们。学校没钱,我去上课不领工资,这没问题。但我要求学校承担我的"马夫钱"(即坐轿子

---

① 劝工局,原文 Chuan Kung Chü,清末政府为振兴实业在各省设置的机关。
② 德丸,原文 Takumaru。

的钱,相当于交通费)。另外,我还要求学校提供教材、保证学生对我以礼相待等,因为困难不仅在于学生没有任何医学知识,还在于我的中文不够好。在这种情况下,上课的难度可想而知。我从香港、上海、汉口买了一些书籍、模型和图表等教具,都有中文说明。我希望这些教具能帮我减轻一些教学困难,但肯定不可能彻底解决问题。我一直在努力学习中文,筹建医院还需要几周时间,这期间我再努力些,中文水平一定会有所提高。另外,我的男孩也会帮助我(现在他是我的"助理"先生),他是山东人,会点英语,也懂点医学常识。这样下来,很多事情大概就可以慢慢走上正轨。

但我的住处和医院的事该怎么办呢?领事馆位于城市的西边,在风景如画又有益于健康的砂石岩坡上,里面只住着代理领事诺德博士。这幢两层楼的房子,我们两个人住着太宽敞了,还空了好些房间。早先,法国医生艾丁格尔及其夫人也住在这里,现在他们去成都了。但医院不可能开在领事馆,就算开了也不可能有病人路途迢迢地爬坡上坎来看病。附近不远处的法国医院,也只有少数中国基督徒病人来就诊。

医院必须开在城里人流量较大的地段。如果没有足够的理由,比如结婚后必须跟家人住在一起,我不会离开医院,让那些昂贵的医疗设备无人看守。但重庆城里人口非常稠密,地价高,房租贵,而且还会越来越贵,很难买到或租到较大面积用来开办

重庆江面的盐船

重庆江面运载灯草的船

医院的房子。即使无所不能的省政府，在城里也买不到合适的土地建造铸币厂，而最终只能去扬子江南岸建厂。这是我刚听到的消息。

此外，对欧洲人的恐惧和不信任，一直在中国人的脑子里作祟，这也让四川人相处起来不太容易。魏司博士找到一个公馆，那是一幢带院坝和家具的房子，非常适合开医院。双方都已经谈好租金和押金的数额，只等我来看房签约。但有一天房东突然反悔，说他自己要搬进去住，又说那里不适合开医院。我们去向道台求助，道台说他也无能为力。这让我们陷入困境中，不得已又重新四处找房看房。但没有一幢比得上这个公馆理想，都不合适。在这里，人与人之间很难建立信任关系。在画押盖章签下租约合同之前，你什么都不能相信。

最初的几天，各种拜访让我忙得晕头转向。首先我要去拜访中国的地方官，然后是各国的领事和商人，还要去军舰上走一走（英国军舰云雀号、山鹬号和水凫号），最后再等待他们回访。这些事说起来简单，做起来相当麻烦，主要是距离太远，交通不便。重庆城两江四岸，过河需要很长时间，每一次上船都要在水上漂泊至少半小时。由于总在英语、法语、德语和中文之间切换，我的大脑常常处于混沌状态。

今天是我来重庆后的第一个晴天（4月27日），如果医院的场地问题解决了，我的账单也整理出来了，就好了！

1906年5月14日

经过多方努力，我们终于在城里找到比较合适的房子，现在即将改建完工。当我们刚找到房子时，诺德博士就给上海总领馆发了电报，以期获得批准。那天是5月2日。三天后（5月5日），他又电告上海，我们已签下租赁合同。但我们迄今未收到任何回复。

显然，总领馆给柏林发电报了，那边正在考虑，或者生气了。我们不知将会发生什么。尽管我所有的报告都已表明，必须有房子！但外交部只是简单地回答：租房、添置设备和医院的启动，总额不得超过已经批准的4000马克。如果医院不能开在领事馆内，这笔资金不够，应该按北京的方案办！北京的方案是怎样的？无论柏林、上海，还是重庆，都没人告诉我。我所有的争取，柏林都只用一句话驳回：先把医院开起来再说。

为了让事情尽快顺利运转起来，领事馆财务部暂时替我支付了房子的保证金（押金）300两银子（约900马克），和第一个月的房租21两银子，另外还预付给我200美元的安置费。我给帝国总理写了一份报告，向他解释：

一、领事馆的地理位置不可能让医院运营成功，因为它在城市最西面的高山上，病人必须翻越几座小山丘，再爬上陡峭的山坡，才能抵达。而美国和英国的医院都在城里。

二、领事馆的地皮上没有别的建筑。因为是租的，不能在那上面盖房子。而医院不可能设在领事馆的办公楼里，让衣衫褴褛的病人在领事馆进进出出，不合适。

三、医院必须有房子，否则就不可能很好地体现和传播我们的友好和文化。请参照我和维尔德医生、库玛赫医生①之前对此观点的报告。

四、我一度希望把医院开设在我将授课的医学堂，但现在看来不可能，因为劝工局提供给医学堂的房间很有限，他们并没有多余的房间。另外，医学堂的授课问题现在还没有最后落实。

五、我们不能再等了，法国人和美国人似乎已经在造势反对德国建医院。

六、除了安保费和房租，每月还需要支付25美元给翻译助理，10美元给家仆。

七、房子的扩建和装修以及布置需要400两银子。我再次强调：没有房子，没有人员，没有经费，即使在中国，医院也不可能运营成功。

---

① 维尔德医生（Gustav Velde）、库玛赫医生（Krummacher），两人曾经是北京德国大使馆医生。

这份报告于5月6日经上海发往柏林。与此同时，我已经开始改装房子。如果不近距离接触中国人，不真正了解他们，你不可能知道接下来该做些什么。中国人几乎把新鲜空气拒之门外：他们的很多房间都没有窗户！因此我必须首先在墙上打洞，安装窗户，开通风口。然后是修建排水道，用竹筒或者陶管。

房子距离领事馆坐轿子需要30分钟。我不想每天两次穿城而过，这在炎热的夏天实在不是一件愉快的事，因此我决定住在医院。这样既有优点也有缺点。缺点是城里比山上的领事馆炎热；优点是我可以随时工作，不必浪费时间在路上，也不必忍受路上的高温折磨。另外，住医院有更多时间跟中国人接触，这有利于我学习中文；住医院还可以看守贵重的医疗设备，以免有被盗的危险。盗窃是这里经常发生的事，我必须提防。如果天气实在酷热难耐，我以后可以去领事馆暂住。

我为自己订购了一些必需的家具，大部分是中式的。我的铁艺架子床是从上海副领事穆勒那里买来的，从宜昌一上船就开始使用。房子很大，其中的医院部分是这样安排的：

一、一间病人的挂号室。

二、一间中国助理的办公室。

三、一间可容纳四个病人的病房。

四、医院大厅，里面有一个摆放药品的柜子和发药的桌子、一张体检床，另外还有一张配有几把椅子的急救台。

五、一间手术室。我在墙上开了一个约3米高的大窗，以便尽可能多地采光和通风。整个房间被刷成白色，墙角用水泥抹圆。我还安装了一个带排水管道的洗涤槽。花13美元请一个中国人用坚硬的橡木打制了一个手术台。我相信，我将来能在这里很好地工作。

六、一间用于放置急救用品的小屋，角落有一个通风橱（就像化学实验室那样的），一个中国炉子用来对器械等用品进行消毒灭菌。

七、一条约1.5米宽的走廊贯穿整个医院。走廊上为病人安放了一些长凳。走廊尽头的旁边是消毒室。

八、一间用水泥刷了墙和地面的小浴室。

九、一间病人厕所，排污管道垂直通向地下室。房子依山而建，所谓的地下室其实只有一半在地下，另一半在地面，有朝外开的房门。为了更加安全，上面房间的地面我都让人在地下室加了支撑的木柱。

为了能更好地采光和通风，我为房子开了很多窗，每一扇窗还安装了玻璃板。我在窗户的中间安了一根横轴，通过拉绳，让玻璃窗呈上下方向打开或关闭。玻璃在重庆卖得很贵，导致房子的改建成本大幅度增加。

我住的房间在医院隔壁，入口是一扇巨大的实木双开门。从两面漆成黑色的木板墙之间进入后，上几级台阶，是一个约7平

重庆的罂粟田

重庆附近的石刻

方米见方铺有砂石的庭院。我让人在左右两边的木板墙上开了两扇门，通往两边的房间。这是一幢典型的中国建筑，房间里几乎照不进阳光，也没有空气流通。我在朝街道的方向开了一扇大窗，用来采光，相反的方向开了一个通风口，便于空气流通。入口左边有一间较大的房间，如果需要，可以接纳6个病人。我请人从医院走廊开了一扇通往这间房的门。如果关上原先的小门，这间房就可以作为医院的病房。入口右边的房间是为中国员工准备的。上面庭院的两边也各有一间房，每间面积大约16平方米。左边那间，在预留的那间病房旁边，我把它当实验室；右边那间房，我准备为条件好点的病人安放两张好点的床。入口大门的正对面，是一个大厅，原先是开放的空间，现在我把前面封上，安上竹制天花板，准备作为我的客厅和工作室。这间房的两边还各有一间房，是我的卧室和饭厅。卧室后面有个4平方米的小房间，我放了一个浴盆，作为浴室。

在右边这间用作饭厅的大房间后面，还有几间细长的小房间。以前是全暗的，没有窗户和通风口，屋顶下是敞开的。现在我安上天花板，墙上开了可以关闭的窗户，用作厨房和储藏室。左边也有一间相似的房间，被我用作医院的开水房。整幢房子的排水系统还不错。房子有大水缸接收屋顶的雨水，从前是用竹筒作引水管，现在我用陶管替换了竹筒。庭院有一个下水孔，通向地下的排水道。在最近的一场雷阵雨中，排水表现良好。庭院里还有

重庆城里的会馆屋顶

重庆的客船麻秧子(从嘉陵江拍摄)

一口水井，但井里的水只能用于洗涤和灌溉，不能饮用。我们的饮用水和烹饪用水必须去河里挑，这很烦心。

在庭院的适当高度，安装有一张带滚筒装置的竹凉篷。如果阳光灼人，可以把凉篷拉出来，为整个庭院遮阳，就像中国各地的习俗那样。遗憾的是，我的房间没有木地板，于是我就铺上草垫和毯子，保护双脚在夏天的几个月里不受凉。等冬天到了，尽管木地板价格昂贵，我还是得请人安装。还有烤炉，我也得有。这些东西只能在上海购买。从上海到重庆的运输费贵得惊人！

1906年5月17日

今天我们又在劝工局的医学堂签了一份聘用合同，聘请了一位中国"仆人"。这其实就是一场闹剧。因为学堂只负担我的"马夫钱"，即坐轿子的钱。我没有薪水，只有一点对学生的教书权；教材也由学校提供。为什么要我参与这类合同的签署？他们办医学堂这件事就目前看来，好像没有什么前景。但没有人知道最终会发展成什么样子。如果中国想在这条已经开启的路上走得更远，应该很快会开设高等院校，包括正规的医学院。几乎所有的高等院校专业，中国都可以从日本聘请老师，但医学专业不行。正如日本医生志贺博士——一种痢疾微生物的发现者——在他发表于《德文新报》上的文章里所说，日本人缺少科研工作的天赋，他们只是工匠。此外，在未来的几年，日本自己也需要医疗资源，没有多余的医生和相关的专业人士外派。到时候，如果有人不仅懂一些医学知识，尤其是外科知识，还懂中文，而且掌握了医学专业的中文表达，我相信，这样的人一定会在中国大有作为。

德意志帝国正在努力，让德国人进入中国政府担任官职。我已经全身心地投入中文学习，首先是学会说和听，还要学会读和写！我带来了适合初学者的医学教材中文译本。现在我除了必须备好每一堂课，还要先教会我的翻译。只有他先懂了我的授课内容，才能在课堂上更好地翻译。因此我跟医学堂的董事会约定，刚开始时，我一周只上两小时课。我只教外科，内科他们更相信自己。但在我的外科课堂上，也有些中国老师来听课。大概他们也想学点外国人医治外伤的"法子"或者方法。

中国的绘图员非常能干，我请他们把我带来的教科书上的插图画成大幅的挂图，然后由中国老师在挂图上标出中文字，文案上我们再达成统一。作为实物教学，这样大体还行。为了提高学生的学习兴趣，我还想让他们看看微观下的人和动物的血液、肌肉纤维等，但很遗憾，我没有标本，因为我只知道来中国是创办医院、当医生，不知道还要当老师、教学生。外交部的保密工作做得太好，现在报应来了。挂图和标本在德国很容易搞到，花费的钱和精力也不多，但在中国就困难多了。

1906年6月2日

工作，工作，然后就是烦恼，而且不只是"农家小子的小烦恼"。

医院的事进展不顺利。刚开始，当事情还在宏观统筹中，一切尚好。但落实到具体细节就不行了，即使是鸡毛蒜皮的小事，也很烦心。要解决一百件小事，每一件都要向工人解释，要监督他们执行，还要不断纠正他们的错误。这些人似乎很笨，还很固执。他们好像根本没有时间观念。通常的情况是我问：你什么时候带某个东西来？什么时候做某件事？对方回答：明天，明天！到了明天，他们继续说明天，明天！

然后又发生了一些令人啼笑皆非的小事，让你对中国流行的行会和"圈子"管窥一斑。

因为想为医院安装玻璃窗，我跟一个玻璃商进行谈判。他漫天要价，一磅玻璃的价格高得离谱（这里一切按重量卖），我就另找了一个玻璃商，跟后者谈好价格后，我就请他开始安装玻璃。第二天下午我到现场，发现人不在，窗户也没有安装上玻璃。我的助理告诉我上午，第一个玻璃商突然来了，还带着四个人。他们跟正在工作的玻璃商大吵了一架，责备他违背了行会的规矩，然后就把他带走了。我派人去打听，听说是被带到巴县衙门关起来了。我立即向领事馆的诺德博士汇报了情况，请他帮忙解决。诺德博士赶紧给巴县官员派送信函，说那个玻璃商是在为德国医院工作，希望把他放出来。次日上午，玻璃商还是没来。巴县衙门回函说他被打了，因为他违反了行会的规矩。

玻璃商们有一个圈子，他们垄断了市场，任何人不能从别的渠道购买玻璃，也不能买到比他们的价格更便宜的玻璃。诺德博士又给巴县衙门写了信函，说行会的事我们不关心，但那个人是我们雇用的，是在为我们工作。把他从我们的医院带走，是非法入侵德国人的工作场所，违反了中德两国的相关条例。另外，整个事件明显就是敲诈勒索，是为我们开办医院制造困难和麻烦。如果到了晚上还不放人，我们就向道台投诉。如果有必要，我们还要向北京投诉。结果不到两小时，那个玻璃商被放回来了。巴县官员连连道歉，说他并不知道详情。那天以后，诺德博士让警察局长派了两名警察驻守医院，不让外人随便进入。

在这里，你必须像猎犬一样提高警惕。例如，粉刷工来了，想要工钱。那是大约十天前。我去现场检查他做了些什么，发现他的工作太马虎了，有好多地方还没粉刷，边角也没涂好抹平，到处都没弄好。到今天还没彻底完工。可他总是对我说："大人，现在好了。"每一次他这么说，我这个"大人"就要去看看。依然到处是毛病。于是他只好又去粉刷。跟木匠、泥瓦工（屋顶漏水），所有的人都这样。

工作结束后，又要浪费很多时间！讨价还价，商量商量，是中国人的一大乐趣。这些人实在是愚蠢，他们不懂珍惜时间！几间房需要安装天花板，有一个人要价14000文，且拒绝让价！我的中国员工说，太贵了，又找来别的房屋装修商。经过一番讨价还价，5天后，我们谈妥到6000文。如果换成中国人，再继续一周的讨价还价，也许还能砍掉1000文。但我们欧洲人没有那个时间。这就是我们在这里的状况。谁有4周的时间，为一块刺绣、一件瓷器跟人讨价还价，谁就有可能以更便宜的价格最后买下它。

在医院的外面，我挂了一块很醒目的漂亮牌子——大德普西医院①，旁边还挂了个大灯笼，上面也写着同样的汉字。（在重庆的法国医院叫"仁爱堂"，美国医院叫"宽仁医院"，英国医院叫"仁济医院"。）

病人签到挂号的小牌上有编号，大家先来后到，依次就诊，这样就避免了拥挤和混乱。请木匠来做浴盆、摆放药品的柜子和桌子等医院用品，木匠已经工作了近三周，还没完工。他们把东西做得十分牢固，像要用来防弹一样。这些人，当你要求他们做些超出常规的工作，他们固执得不可理喻：比如急救桌、体检床、手术台、搁放器皿托盘和消毒用品的小竹架、洗手盆、排水槽、放器械的柜子、炉灶和上面的通风橱、放绷带等急救用品的橱柜、病床等，他们从没做过，很难理解你的意图，就想当然地一意孤行，你必须不停地纠正他。

---

① 大德普西医院，原文 Da-De-Pu-Hsi-I-Yuan。

病床由一个木匠做床架，另一个木匠做带有绳编绷子的床框，最后还有一个木匠做竹床板。一家商铺提供棉絮，另一家商铺提供蓝布床单，不同年龄的妇女负责缝被子和枕套。这样的分工也很好，但对于没有耐心的德国医生就意味着麻烦，因为你得去跟每一个人"商量"！

开水房有铁制的水壶、陶制的水缸和排水管；暗室和化验室都配有桌子和橱柜。然后就是装各种药品的容器，漂亮又便宜的带盖子的陶罐。一切都慢慢备齐了，但这需要钱、时间和不少的耐心，以及由此带来的劳神费心，因为有时真的很恼火，几乎要让人失去理智。另外还有语言带来的困难。即使我的山东助理，他跟重庆人交流有时也会有障碍。

早晨，来了一位中国绘图员，他必须把书上黑尔曼的解剖图画成挂图，以备我在医学堂上课时用。他画得很好，每天画三小时，每月可得10美元，纸和绘画材料由我提供。等医院改建完工，开业走上正轨后，医学堂的课就要开始了。

每天上午，我和我的中文老师，还有中文说得很好的领事馆"秘书"（从前的天主教神学家弗洛梅先生），要去医学堂教一节中文"解剖学概论"，首先是关于骨骼和肌肉。这极其困难。配有中文术语的挂图和模型就在那里，中文内容也有，但中国人会怎么讲解呢？

那上面有两个中文字,一个也许是"肉"①,另一个也许是"心"②。这是什么意思呢? 我们问。中国人答:这个"肉"就是这个"肉"的意思! 并配合着比画几个神秘的手势。如果换作我们来讲解,我们会首先讲解它由什么构成,有什么用处。比如说:这个东西是用木材或者什么别的材料构成,作用是这个或者那个。但这个中国人不这样讲解,他不懂关系从句,也不会换位思考,替一个不懂的人想想能否理解他的话。最后,我不得不借助塞勒的大百科词典,才查出这个字的意思,真是费不尽的周折。或者靠着联想的天赋,我经常也会幸运地冒出某个念头,通过比较这个字与别的字组合而成的其他词汇,来推测或确定意思。这样就明显快多了,但这取决于我们。现在我们发现了这个"窍门"。但这位中国先生仍然固执己见:"肉"就是"肉"! 他总是用一种鼓舞人心的自信,从"比方"开始,最后坚定地用"是不是"来结束,好像确信我们都已经懂了:是不是啊? 这期间,他还在不容置疑地解释和强调:"肉"就是"肉"!

尽管如此困难重重,也还行。我们是有实物的直观教学! 除了挂图,动物的骨骼和标本也提供了很好的帮助。人体标本是没有的,据说,把骷髅或者人体器官放在家中的酒精瓶里,是一件极其危险的事。那会被演绎成耸人听闻的恐怖事件在坊间流传,

---

① 肉,原文 jau。

② 心,原文 hsing。

重庆的塔（今报恩塔）

比如一场谋杀案或者小孩的眼睛被挖出来当药等。

学习中文的读和写尤其困难。我无法机械地学习，像中国人教他们的孩子那样死记硬背。我想首先学习单个的简单汉字，再学习它们的组合词，看单个的汉字怎样与其他汉字组合在一起后，衍生出新的复杂的意思。但这仍然是一项可怕的前景并不乐观的浩大工程。因为，当我翻开有13000多个汉字的塞勒大词典，眼前立即会一片漆黑，有一种面对"无边无际"的无力感。

这几周的天气很好，尽管有时候白天燥热，领事馆山上也有小风吹拂，到了夜里还会降温，变得凉爽宜人。昆虫也不多，至少不像北京那样来势汹汹，只是偶尔有大量红色的飞蚁出现。晚上我喜欢在门前的走廊上待一会儿。扬子江在山下奔腾东去，那里有一座礁石岛，江水不停地冲击礁石，形成巨大的漩涡，哗哗的水声在空中回响，在山上的领事馆也能听到。天空通常清净又明朗。在有月光的夜里，宁静的城市和银光闪烁的宽阔河面，被四周高大巍峨的群山层层环抱，看上去十分壮观美丽。

有时候，紧挨着领事馆背后的山上，那座名叫"五福宫"的寺庙，会传出欢庆的锣鼓声和雄浑的号角声；或者，在另一个方向的城里，会传来戏园高昂的歌声和中国乐器喧哗的伴奏声，否则周围就一片寂静。下过几场大雨，多半是在夜里。只有一次，当我去回访了医学堂的董事长魏先生回来，突然下起了雷阵雨。万幸的是，我是坐在自己美丽舒适的蓝色官轿里，而不必在雨中的街

重庆佛图关石壁

上蹚水步行。街上很快就形成一条小河，雨水把垃圾和脏物冲得到处都是，最后又把它们全都冲到山下的河里。下雨后的重庆城十分干净。

又开始锻炼身体了，主要是打网球，很愉快也很方便。德国领事馆的旁边是英国领事馆。那里有一个在砂岩石坡上开辟出来的网球场。英国领事并非网球场上的大英豪。到目前为止，这些跟我打过球的先生：一个英国领事、一个英国战舰上的指挥官、一个法国人、一个在海关工作的挪威人，全都是我的手下败将。他们没有一个人能赢我。

第三节　医院简介

于1906年7月1日在重庆开业的大德普西医院，坐落在兴隆巷①，那是重庆城内的主街大梁子旁边的一条小巷。在兴隆巷的入口和出口都挂有医院的牌子，为病人指路。

医院位于一道东西向的横贯重庆城山脉的北坡。这样的位置就意味着建筑是依山而建，它的一部分就像地下室。但地下室也有通往外面的门。如果换一个角度看，地下室也是建筑的底楼。

正如图中所示，医院的两个入口都在兴隆巷。通过第一个较小的入口（左边，上面挂有医院的牌子，黑底，金色中文名），就进入医院的第一个走廊（Ⅰ）。那里挂有一块白底红十字的门帘，把候诊室隔开。入口左边有一个小房间（Ⅱ），是一级助理记账的地方。员工们也在这里吃饭，病人在这里领取挂号小牌，以便依次就诊。这间房后面是一间同样大小的房间（Ⅲ），是一级助理休息的房间。

走廊里的门帘可以在医院大门敞开时，阻挡外面行人的视线，为医院营造相对隐秘的空间。门帘后是一个大房间（Ⅳ），被布置

---

① 兴隆巷，原文 Hsin-Lung-Hang。

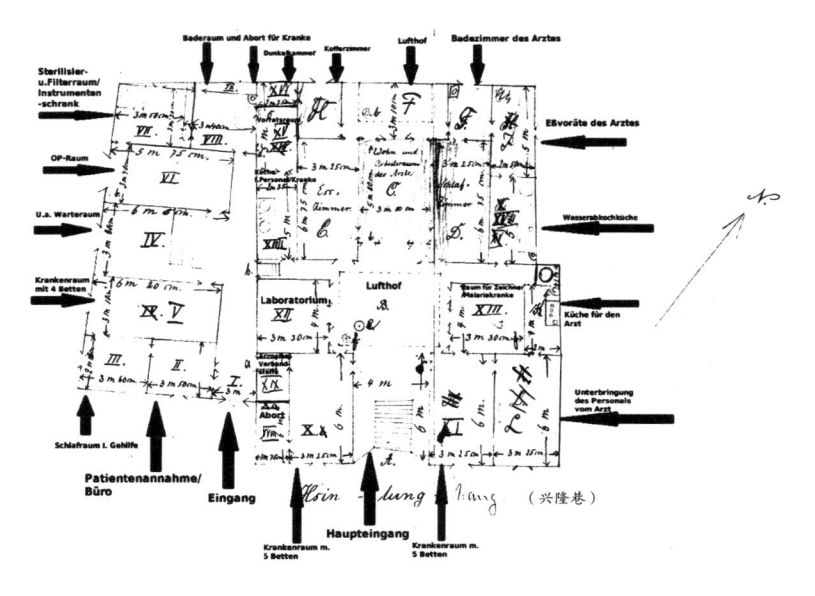

医院平面结构图

成候诊室、药房和就诊室。在房间（Ⅳ）靠走廊这边，横放着两条长凳，供病人坐等叫号就诊。通过发药用的长桌和药柜，就诊室跟药房和候诊室分隔开。在就诊室里有一张体检台，一张放包扎用品的桌子，另一张桌上还有每天用来消毒器械的煤油炉，多张供病人就座的椅子，两个放洗手盆的竹架，一个带过滤网的搁放用过的绷带的容器，一个水桶。地面后来刷上水泥，安装了通向街道的排水管。这间房的采光是通过西墙上新开的一扇窗和屋顶的几块玻璃瓦获得。

　　站在发药用的长桌前，面朝西边，左手边有一扇门，通往一间摆有四张病床的病房（Ⅴ）；右手边也有一扇门，进去是手术室（Ⅵ）。手术室的西墙上，我开了上下两扇大窗。这里没有顶光，因为没能买到较大的坚固的玻璃瓦。但因为这幢建筑独特的地理位置和房间分布，在某种程度上，这间房位于楼上，要高出隔壁邻居的房子，自然采光还算充足。房间的内墙被我用石灰刷得雪白，显得明亮又干净。地面涂了水泥，所有墙角尽可能用水泥抹圆，以免积尘。挨着窗户，在左边（朝南）的角落有个排水槽，我安了一根陶管通向地下室，把污水引流到室外街上的阴沟。手术室有一张木质手术台，一端带有支架（可支撑头颅），脚踏板可调节高低，还安装了连接到床下木桶的铝质排水槽。手术台周围的地面铺了木地板，以便手术医生和助理们能站在干燥的地面工作。另外，这间房还有一个带水池的台子，上面的墙上钉了一块木板，用来搁放消毒液、装消毒刷和手套的器皿。台子下面是用来放置搪瓷水壶的。在这个台子的旁边有一张较矮的长凳，上面放有水盆和氯化汞溶剂。在房间的一面较狭长的空墙上，挂了一排毛巾。另有一张中号大小的桌子上支了些架子，用来摆放包扎用品，还有几个类似小桌的竹架上放了些装手术器具的托盘。

手术室内有一扇门通向房子西北角的一间小屋。那是消毒室和过滤室（Ⅶ），以及摆放医疗器械柜的地方。为了在对绷带等包扎用品和医疗器械进行消毒时，尽可能地不受高温和炉灶煤烟的影响，我还以化学实验室所用的"通风橱"为模型，在这间屋靠外墙的一角，用木板搭建了一个小隔间，里面用石头和黏土砌了一个炉子，炉膛里嵌了一层白铁皮，煮绷带和器械的水壶就放在上面。在炉灶的上面，即小隔间天花板下的墙上，我开了一个可用金属板关闭的洞口。这个洞口是灶上形成的水蒸气的排气口。整个小隔间内部都贴有一层金属皮（取材于货运箱的金属隔板和空置的油箱皮），以防着火。炉火的煤烟通过烟囱排放，烟囱穿过西墙到屋外，然后高高支起在屋顶。当炉火点燃，放上铁壶，小隔间的门会被关上。经过多次试用和改善，现在这炉灶用起来很好，既无煤烟也无气味。

这间小屋还有一个从上海带来的伯克菲尔德立式过滤器①，放在一个专门定做的木基座上。这个过滤器需要经常检测，小心使用。如果操作不当，就会立即失灵，无法完成对水的过滤和净化。过滤器上有详细的中文使用说明和注意事项，旁边有个木架用来控干瓶子。

正对着这个小隔间，是一个带玻璃门的放置医疗器械的木柜。这些医疗器械大部分存放在原装器械盒里，以免蒙尘。有的单个器械放在金属盘里，也会盖上可洗的罩子。在德国，我们用玻璃盘摆放医疗器械，这里没有玻璃盘，只能用金属盘代替。所有的器械存放前都会抹油，否则在重庆潮湿的天气里会很快生锈。

---

① 伯克菲尔德立式过滤器，一种水处理系统。威尔海姆·伯克菲尔德（Wilhelm Berkefeld）于1891年发明的过滤器，是一个由陶瓷制成的空心圆柱体，其滤芯由烧过的硅藻土制成。这种过滤器于1892年在汉堡霍乱流行期间首次成功使用。

医护人员展示急救包和棉签棉垫容器(来自德国外交部政治档案馆)

一张中型大小的桌上,搁放着消毒设备。另外还有些辅助性医疗用品,比如夹板、夹板材料、急救包的悬挂架等,也被放在这间屋里。

这间消毒室的东面有一扇门,进去就是病人的浴室(Ⅷ)。浴室的主门朝向医院的走廊(Ⅰ),病人主要从走廊进入浴室。浴室内有一个洗澡盆、一个洗脚盆,另外还有一个带盖的木桶,上面贴有文字提示:病人应该把使用过的绷带放进桶里的克里林溶液里消毒。角落是排水槽,将浴室里的污水通过一根陶管引流到地下室,再排到屋外街上的阴沟里。

因为地形不方正，浴室的北面有一个小角落（Ⅸ）。我就让人在这角落的地面挖了个小坑，抹上水泥，当病人的厕所。一根管道由小坑通向地下室的粪桶。粪桶每天早晨会被清空。这间厕所有房顶，但房顶没跟北面那堵墙连在一起，因此有足够的空气流通，不必担心厕所气味进入医院。地下室放置粪桶的地方也抹了水泥地面。粪桶直接从地下室拎出去，每天由专门收粪的人收走。

以上这些我所描写的房间，都在房子较高的部位。下面的房间被视为地下室，尽管从房子外的一条下坡小道看过去，这些地下室也在地面，有房门可以直接进出。地下室堆放着暂时不用的杂物，比如货箱剩下来的部分。医院的煤炭和煤油也存放在下面。因为潮湿、阴暗和缺少新鲜空气，这些房间不宜用作病房，或者顶多只能作为应急的临时病房。

如果你通过大门（A）进入医院，下几步台阶，左右两边各有一扇门，通向各有五张病床的两间病房（Ⅹ和Ⅺ）。这两间房都能从兴隆巷和上面的庭院（B）得到光线和空气。庭院在夏天会支起一个租来的遮阳篷。庭院里有一口井和一个下水道入口。井里的水只能用来洗涤。下水道入口是引流雨水的。像中国的其他地方一样，这个庭院是下沉式的，铺着石板。

从庭院（B）进去，左边（西边）是化验室（Ⅻ），里面的一张桌上放着显微镜，用来从事微观检测工作；另一张桌用作尿检。旁边有一个书架，还有一间暗房用作眼睛测试。因为刮风下雨的时候青瓦的屋顶会掉下尘埃弄脏仪器，所以两张桌子不得不撑起帆布罩子。庭院（B）的右边（东方）有一间房（XIII），上午是绘图员的工作室。他在这里为医学堂绘制挂图。里面还有一张病床，用于疟疾病人在特殊天气里住院治疗。如果经济条件较好的病人希望住院治疗，这间房会作为一等病房供他们入住，尽管这里离医生的卧室太近，有时让医生感觉不太好。

在房子的上下部分接壤处，有一间细长的房间（XIV），采光主要通过屋顶的几片玻璃瓦，或者几盏中国灯。这里是医院员工和病人的厨房。这间房的北部有一间全黑的小屋（XV），是厨师存放日用品的储物间。这间细长房间的左边有几级台阶向上，通往医院的浴室；右边有几级台阶向下，通往地下室存放煤炭的地方。最北面是一间暗室（XVI），用一道新建的板墙隔开，只能从医生的住处抵达。医生住处的东面，有一间与厨房大小相似的房间（XVII），我把它用作开水房。病房（IX）有一扇门通向一间小屋（XVIII），那是厕所；另一扇门通向另一间小屋（XIX），里面有一个放医疗器械和包扎用品的柜子，还有一些清洁用具。房子的上下两部分通过三处台阶（a、b、c）连接在一起。

从庭院（B）进入一间原先开放的大厅，从前是中国人的会客厅。这间大厅被我用木板墙封起来，成为我的客厅和工作室（C）。右边是我的睡房（D），左边是我的饭厅（E）。很遗憾这两间房都

255

很暗，只能通过天窗来采光和通风。在中间的这间客厅（C）背后，又有一个小庭院（F），跟坡下邻居的房子相连。这个小庭院的两边各有一间小屋（G、H），有门可通向饭厅和卧室，是浴室和病人行李存放室。浴室还有一扇门，通往一间小黑屋（I），是存放食物和其他医用杂物的储藏室（J）。从房间（H）可以到XV号小黑屋。医生的厨房（K）位于XIII号房间的背后（东边）。医务人员住在XI号病房后面的（L）房间，一个医院杂役睡消毒室和手术室上面的阁楼，一个苦力兼门卫睡空病床。

病房是逐步完善的，每一张床由原始的底架、带竹绳绷子的床框、粗糙的竹床板和细腻的竹席构成。冬天竹席会换成棉毯。棉毯和铺盖都有可以更换的被套。枕头芯是糠壳，罩上蓝色麻布套。每张床还配有一个痰盂和尿壶，每两张床共用一张小桌。一张中号木桌和几根高脚木凳供大家公用。每间病房的中间有一盏吊灯。我在上海为医院订购的火炉，这时还没到。每个病人如果被接收住院，洗澡后能得到一套病号服，一双凉鞋，夏天还少不了一把蒲扇。很遗憾还没有蚊帐，洗脸盆、毛巾和牙膏牙刷也不够。从病人的角度，他们其实并不太需要这些东西，但我们必须配备，因为医院也应该帮助中国人养成讲究卫生的生活习惯。

—— 阿思密写给德国外交部的工作报告

（资料来自德国外交部档案馆）

第四节　补叙

医院开业后，在阿思密的主持下，第一年接诊4287位病人，高峰时一天可达70位，但下雨天只有二三十位。阿思密由此得出结论：穷人们只有一身衣服，下雨天他们就尽量不出门。

病人太多，病房严重不足，后来又增加了两间病房，一间有两张病床，一间有三张，另外还特聘了一名看护住院病人的护士、第三名药房助理。病人入院后，首先要洗澡，再换上干净的病号服。住院期间病人的膳食由医院提供，一日三餐，有米饭和蔬菜，一周三次肉菜。对于有特殊饮食需求的病人和住一等病房的病人，阿思密亲自为他们配餐。他们也是一日三餐，每天除了米饭和蔬菜，还有肉食。

一等病房的病人每月支付100文钱的膳食费，二等病房的病人每月支付66.6文钱。没有支付能力的病人产生的费用，由德国的成都领事馆和重庆领事馆用募集的捐款支付，这样就确保了穷人也能享受到医疗救护。

饮用水和烹饪用水来自嘉陵江，后来医院搬迁到城市西部，水又来自扬子江，都由苦力挑到医院。重庆的居民通常会把江水煮沸后饮用，因此阿思密认为，居民感染疾病的主要传染源并不是江水。

苦力挑着空桶去河边挑水

医院早晨8点开门，到中午11点就诊号码牌发放完毕。从11点开始到下午，分别对重症患者、自杀未遂者和意外事故受伤者进行救治。因为手术室的窗户朝西，夏天室内酷热难当，这为手术增加了困难。木板墙和纸敷天花板不能用水彻底清洁，在做重大手术前，通常要用石灰粉刷一遍。

资金和医疗用品的不足，也增加了工作难度。有一种中国亚麻布，通过多次测试证明，可以用作包扎外伤的绷带。制药所需的蒸馏水，有时从英国战舰的医生处获得。另外，让中国员工了解各种药品的功效，培训他们掌握麻醉技术，也需要很多时间。在第一份年度工作报告中，阿思密很高兴有那么多病人来医院就诊，但他也指出，医院的设备不足，配备的人员不够，希望能像美国医院那样拥有更好的医疗设备。对于必须进行生殖器检查的妇科病人，他把她们转诊到美国妇产科医院。梅毒是已婚妇女和妓女中的常见病。

在1907—1908年的年度工作报告中显示，医院接诊了2072位病人，比上一年少些，但有8000人次咨询。阿思密计划对候诊室、浴室和厕所进行男女分隔。

在1908—1909年的年度工作报告中，医院有2318人次咨询，205次外科手术。阿思密在这一年买了一匹马，以便能更快速地赶到病人身边（比如有人中毒）和去较远的地方抢救病人。

1908年，因为一场海难，医院药品短缺。医院从开业以来就坚持的每天接诊运营方式停止了。那批药品1909年1月才到，于是从1909年2月开始，医院又恢复每天接诊。

阿思密发现，个人因素会影响就诊人数的升降。通常情况是，当病人有闲，天气也好，既没下雨也不太热，他们才来看医生。当然，这主要是指慢性病患者。如果病情危及生命，他们会立即被亲属送到医院，除非亲属因为工作无法脱身。还有就是在春节放假期间（常常要持续15天），前来就诊的病人数量也会下降。

病人太多，现有的病房严重不足。但由于经费原因，也不可能开一家更大的新医院。1909年上半年，阿思密把自己的住处腾出来，将客厅改建成无菌手术室，木板墙改成中式砖墙再刷上油漆，地面铺上地砖，西北面和东南面墙体用玻璃和条石重砌，安

阿思密（二排左一）等人在重庆和中国官员们午餐后合影，1909年

枯水季节的重庆朝天门，嘉陵江与扬子江的交汇处
（红十字会的新院址位于岸上靠嘉陵江方向的树林背后，后被日本飞机炸毁，伊丽莎白拍摄于1991年）

放了新的手术台、器械桌以及壁柜等必备设施。这些翻修改建的费用来自捐款。阿思密最初想自己出资在凉爽的南山上买块地，在那里建一幢疗养院，因为夏季城里的气候潮湿而闷热，不利于某些疾病康复。但来医院就诊的病人太多，扩建医院更迫切，他在南山上建疗养院的计划因资金不足不得不推迟。

在阿思密眼里，中国人是一个安静而且很少有暴力倾向的族群。他们之间偶尔的暴力行为也仅限于抓扯彼此的辫子，比较严重的情况是朝对方扔茶杯、咬掉对方的手指和耳朵。自残，比如砍断手指之类的事，较为常见。例如，一个年轻人被怀疑行窃，他就用切断手指的方式自证清白。还有，一个年轻人剁掉一整根手指和另外两根手指的半截，以报复父亲对他的不公平待遇。

有资料显示，被阿思密治疗的疾病是多种多样的，由此可见，他是一个"全能医生"。

从1909年7月1日到1910年6月30日，医院接诊治疗了2042位病人。阿思密计划中的4个月假期从9月中旬开始，但到10月中旬，他患上了流感，假期必须中断。到第二年3月，他的流感引发肺炎，不能正常工作。这也导致了医院病人数量减少。

在他生病和去日本疗养期间，海军医生法肯巴赫[①]接替了他在医院的工作，一直到1910年4月28日。随后祖国号战舰离开了重

[①] 法肯巴赫（Falkenbach），祖国号德国战舰上的军医。

庆。由于资金原因，上海德国总领馆不同意另派医生到重庆接替阿思密的工作，因此医院在1910年5月和6月完全停业。

1910年春天，重庆居民也遭遇了天花疫情的侵袭。一个长期住院的年轻病人染上天花，但被治愈。幸运的是，医院的其他医务人员和病人未被感染。除此之外，良性疟疾也得到医治。阿思密在工作报告中详细地记录了他使用不同的治疗方法获得的经验，比如，用格罗西①的碘酊消毒法对手术区皮肤进行消毒；缝合伤口时，用米氏钳对伤口边缘进行固定。他还对一些有趣的病例及其治疗方式和结果进行了详细描写，并对其病因也进行了分析研究。

一个十二岁的小病人，由于感染了天花，右脸从嘴角溃烂到最后一颗臼齿后面。阿思密用一块颈部皮肤对他进行治疗后的整形，并记录下治疗的难度和疤痕可能引发的后果。最后他发现，男孩及其父母对整形效果比对他这个医生更满意。

他还指出，在夏天用锌膏绷带治疗慢性溃疡是不可行的，因为天气炎热，锌膏不会凝固，所以他选择了像施密登医生那样用猩红药膏，疗效良好。

手术前给双手消毒，他用热水和肥皂，再加上酒精和氯化汞溶液。事实证明，戴橡胶手套不利于手术，因为橡胶材料会受气候影响，高温时会变得多孔。在1909—1910年的工作报告中，他

---

① 格罗西（Antonio Grossich），意大利外科医生，碘酊消毒法的发明者。

提到，橡胶手套必须放进密封的铁盒里与空气彻底隔绝，在无菌腹腔手术时才能派上用场。中国助理的工作是握住撑开腹腔的钩子和用消毒棉不停地点吸渗出的血，他们在手术过程中戴消过毒的合股线手套。

艰苦的医疗条件、很多中国病人病情稍微好转就擅自出院或提前停药的习惯，以及跟同事相处的各种问题，都没能阻止阿思密在医院继续工作。而且他很清楚，医院的资金严重不足，他为改掉中国人不讲卫生的生活习惯所做的努力也常常失败。

对于梅毒和慢性湿疹等某些不能一次性治愈的疾病，鉴于中国病人有病情刚开始好转就消失而不再医治的习惯，阿思密对某些病人在首次治疗时，就例外地收取2000文的预付金。这种方法很奏效，病人只好配合医生，完成必要的全部疗程，直到完全根治。

1911年4月，医院搬到重庆城西百子巷的一幢中式建筑里。这次搬迁也导致了人工成本的增加。新医院必须从扬子江取水，取水距离比从前远了一倍。新医院更大，房间也更多，因此又雇了一名挑水工和第三位安保员。阿思密通知外交部，由于过去几年重庆的物价上涨，生活成本和日工资也普遍上涨，他认为，应该相应地提高医院员工的工资。

现在他居住在一幢离医院只有15分钟距离的欧式建筑的公寓里。

1912年5月18日,德意志帝国国会召开第65届会议,通过了一笔高达58000马克的拨款,作为给领事馆和大使馆的医生也包括给重庆医院的补贴。理由是,在北京和德黑兰的大使馆,以及上海和重庆的领事馆,是德国在外的常驻机构。而北京和重庆的德国医院,有益于传播德国文化。

从1912年3月到1913年7月中旬,阿思密因病中断了在医院的工作,返回德国。这期间,他和代理医生——德国海军参谋医生克瑞兹一起,发表了一篇论文,探讨用萨尔瓦桑①治疗由文森特共生引发的溃疡的治疗方案。

在1914—1918年,第一次世界大战的硝烟席卷欧洲、非洲、东亚等地。1916年5月,法国和中国签署了一份协议,将中国劳工派到法国从事军火工业、船舶工业、公路及铁路的建设等工作。1917年3月,中德断交;同年8月,中国对德国宣战,但宣战后并未向欧洲派兵,因为中国内部局势动荡,也陷于战乱。

中德断交后,在重庆的英国和法国领事要求中国政府关闭由德国政府出资开办的德国医院,他们公开表达对德国医院的不满。但由于医院多年来对中国穷人提供医疗救助,中国政府拒绝接受他们的要求。为了让医院能继续运营,重庆红十字会主席与阿思密和舒赫德商量后决定,将医院更名为重庆红十字会医院。事实上,在过去的三年里,红十字会一直对医院提供财务支持。在拆

---

① 萨尔瓦桑(Salvarsan),一种用于治疗梅毒的合成药。

除了挂在建筑物和街道的德国医院招牌后，事态得以平息。但医务副军士长舒赫德在写给外交部的年度工作报告中指出，虽然盟军领事对医院发表了负面言论，但来医院就诊的人数仍在增加。舒赫德还写到，即使在中国对德国宣战以后，当局对阿思密和他的态度仍然彬彬有礼。在中德正式断交四个月后，医院还得到总统黎元洪授予的一块刻有题词的光荣匾。

因有传言说德国在中国的房地产将被没收，所以导致了红十字会对医院形式上的收购。

随着1917年俄国十月革命的爆发，中国的北方和南方之间也爆发了战争。南方各地纷纷宣布独立，要摆脱北洋政府的统治。中国红十字会打算派阿思密率领一个医疗队到涂山①去，因为那里发生了战斗，很多伤员露宿野外，无人救助。但英国领事以阿思密是德国军医为由，强烈抗议。尽管受到英国领事的威胁，红十字会主席魏先生仍然支持阿思密去。

随着南方军队离重庆城越来越近，前往涂山的计划被取消。战斗在重庆的河流两岸进行，造成大量人员伤亡。有两座寺庙成了战地医院，较大的寺庙收容了大约五百名伤员，较小的用来照顾轻伤者。还有一个战俘收容所。

舒赫德写到，从1917年10月到1918年2月，他们不仅从早到

---

① 涂山，现在的重庆南山。

晚要做大量的救护工作，同时还要面对在重庆的协约国人员对他们的工作越来越公然的抗议和指责。但中国红十字会在这期间取得的成绩有目共睹，也为人称赞，他们开始实施早期的计划，建一座更现代化的新医院。

1918年夏天，红十字会在嘉陵江畔购得一块土地。他们拆除了那里的寺庙，于同年8月动工，开始建医院。医院的主楼长50米，宽22—25米。地下室的房间是留给红十字会工作人员的，还有一间教室和娱乐厅。手术室、体检室、药房、候诊室、助理工作室，还有几间病房，被安排在底层，但得从地面上几步台阶。头等病房和二等病房被安排在一楼，二楼计划作库房。初步计划安放一百张病床，如果有必要，也可安放两百张病床。医生办公楼、行政楼、厨房和洗衣房以及太平间，都被规划在这块土地上。

1919年3月，主楼建到一楼。整幢建筑预计同年10月竣工。

由于医院建在城区外，人们考虑把阿思密之前在城里的公寓改建成一个体检站和公共药房。阿思密还像从前一样，是整个医院的负责人，舒赫德负责行政管理。

早在1918年，阿思密和舒赫德就告诉红十字会主席魏先生，德国外交部将从1919年4月起，不再继续承担医院的财务支出，包括二人的工资。经过初步协商，重庆城市当局准备为新医院的运营提供年度补贴。阿思密和舒赫德预算，医院运营成本为3.5

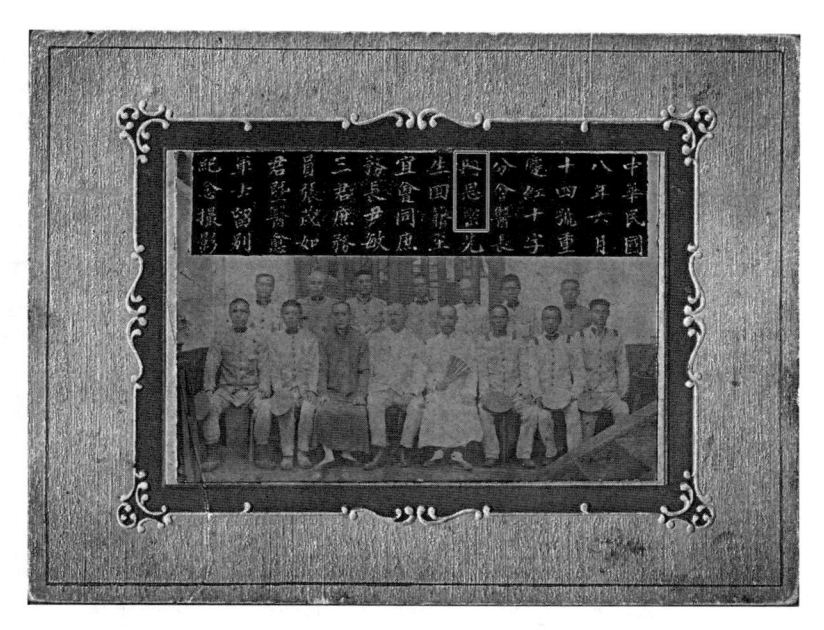

1919年6月14日，重庆红十字会为阿思密离渝返乡召开送别会
（阿思密前排左四，左右为庶务长尹敏三和庶务员张茂如，其余为阿思密治愈的军士）

万美元，收入在1.2万—1.5万美元之间。阿思密的月薪预定为400美元，舒赫德为300美元。舒赫德还提到，阿思密暂时不想要更高的薪水，但希望提供免费的住宿、照明、取暖和交通补贴即马夫费或轿子钱。魏先生向两人保证，会继续努力，争取让商号承担这些费用。

1919年3月5日，像许多其他德国人一样，舒赫德被驱逐离境，不得不返回德国。1919年6月20日，阿思密请求退役，解除他的军医身份，希望以此逃脱被驱逐的命运。同年8月24日，他退役成功，并获得一笔养老金。柏林外交官冯·沙芬伯格在1920年1月17日写给卫生部领导的信中，对阿思密在中国行医取得的成就大加赞赏，建议晋升阿思密为主任医生。但此建议未被采纳。

阿思密于1919年6月被驱逐。他离开重庆，去了汉口。走之前他关闭了医院，把所有的医疗设备转让给中国红十字会。到汉口后，有官员告诉他说没船了，他应该留下来等等。他很幸运，随着战争结束，和平回归，他不仅可以继续留在中国，还回到重庆新开张的医院执业。

1919年11月17日，阿思密从汉口到了上海，为自己的私人诊所和红十字会医院采购设备。几天后，他途经汉口返回重庆。计划中，重庆红十字会将以300美元的月薪聘请阿思密在一家私人诊所坐诊，但他应该首先完成新医院的筹建。这期间，他可以在他城里旧公寓改成的诊所里接诊病人。病人的挂号费由红十字会收取，特殊治疗的利润由阿思密获得，比如为梅毒病人注射萨尔瓦桑（简称606）针药。

根据阿思密的大女儿伊丽莎白回忆，重庆红十字会的新医院由三幢建筑组成。它们互成直角，中间是一个庭院。一道有大门和门卫室的围墙把医院跟外面的街道隔开。大门带有一扇小门，那是进出医院的主要通道。大门正对着医院的主楼，住院部的病房就在主楼里，阿思密和家人住在这幢楼的顶层。他们可以从主楼背后的楼梯上下。主楼的左右是两幢较低的建筑，其中一幢楼里有实验室和手术室。阿思密的公寓、实验室和手术室都有电灯，医院的其他部分则用油灯照明。伊丽莎白还记得，公寓里的电灯一旦变暗，孩子们就叫嚷："爸爸，开灯！"于是阿思密就下楼去地下室，很快，电灯又明亮起来。

当时，伊丽莎白对医院的滤水系统十分着迷。滤水系统安装在主楼和有实验室手术室的那幢副楼之间，由多层重叠放置的大容器组成。它们好像是黏土烧制的大瓦缸，里面装有鹅卵石和沙子。苦力用木桶挑来江水，倒进最上面的大缸里。水就从大缸里往下流淌，最后流出来的水十分清亮。

实验室和手术室是禁止孩子们入内的。有一天，伊丽莎白被实验室里那些闪闪发光和半遮半掩的东西吸引，悄悄溜进敞开的门。父亲发现了她，提醒她不许触碰那些东西，因为她的手脏。她生气了，伸出双手给父亲看，说她刚刚洗过手。阿思密就从她手掌上取样，放在显微镜下让她看。她惊讶地看见了很多细菌。从那以后，伊丽莎白一进医院，就会把双手背在身后，害怕自己手上的细菌会污染到什么。

值得一提的是，伊丽莎白后来读了医学院，当了医生。她的丈夫也是医生。两人于1954—1958年和1960—1965年，在印度塞兰普尔的圣卢克医院工作。

阿思密曾经是中国红十字会四川分会主席，但他后来离开了红十字会。1931年,德国外交官陶德曼①在报道中说,中国红十字会再次邀请阿思密当领导,但阿思密以年龄和之前的不愉快经历为由,拒绝了。他在重庆经营一家私人诊所,直到去世。

—— 克丽斯蒂娜·阿思密

(资料来自德国外交部档案馆资料和伊丽莎白的回忆)

---

① 陶德曼(Oskar Paul Trautmann,1877—1950),德国外交官,曾任驻华公使。

译后记

他们的故事，我们的历史

这本书里的内容，是2018年春天，我在初次阅读《汉娜的重庆》德语版时偶然在网上发现的。

八旬高龄的汉娜在她位于德国北部乡下的家中，回忆遥远的童年往事，还清楚地记得小闺蜜多洛丝在重庆南山上的家。那幢房子飞檐翘角，绿树掩映，像一只雄鹰盘踞在文峰塔下的悬崖边。她在那里度过了许多快乐难忘的时光，房间里优质木地板散发的异香，至今还在她的鼻尖萦绕。

作为土生土长的重庆人，我当然也知道那幢房子。我知道它在抗战时期一度是德国大使馆的办公处——这也是它迄今最广为人知的历史；我还知道，它是重庆市文物保护建筑，空置多年，因为缺少足够的史料支撑，无论政府还是民间，都对它爱莫能助，只能眼睁睁看着它在岁月的风吹雨打中，孤独地老去朽去，纵使心有惋惜，也只能一声叹息。

汉娜在回忆录中称它为"阿思密房子"（Assmy-Haus）。"阿思密"是什么意思？我闻所未闻，立即上网求助，一个以阿思密命名的德语私人网站进入我的眼帘。原来"阿思密"是个德国姓氏。该网站的主角保罗·阿思密，正是那幢房子最早的主人。他是一名德国医生，1906年受德国外交部委派，孤身来重庆创办医院，坐诊行医。1916年，他买下南山文峰塔下的一块地，计划建一座疗养院，让病人在炎热的夏天能够更好地康复。但"一战"结束后，德国战败，医院关闭，建疗养院的计划落空了。于是他在那里为家人和自己建了那幢度假屋，并以开私人诊所为业，继续留在重庆行医，直到1935年病逝于重庆。家人按照他的遗愿把他葬在房子旁边的松树下。网站是后人为纪念他而创建的，上面有他在中国拍摄的大量照片和写下的日记，以及后人为他撰写的生平事迹。阿思密的妻子是中国人，两人生育了四个孩子。孩子们后来都到了德国。

原来那房子的谜底在这里！我很兴奋，如哥伦布发现了新大陆，脑子里闪过的第一道光是：这些内容应该被翻译成中文介绍到国内，或许，南山上那幢百年老屋就有救了！于是我赶紧跟网站取得联系，询问网站内容的版权情况。两天后，网站负责人、阿思密医生的孙媳妇克丽斯蒂娜回信了。她很高兴我对网站的内容感兴趣，说如果中国的出版社想翻译出版这些内容，她愿意免费转让出版权。"阿思密医生的日记和照片的内容都是中国的,它们应该回到中国。"她这样写道。

这个消息令人惊喜,也令人感动。阿思密医生的日记是用德语的库伦特体写成,那是一种古德语的草书体,20世纪中期已停止使用,现在一般的德国人都不懂。阿思密医生的孙子沃尔夫冈从2004年开始整理祖父遗留的大量照片和文字资料。由于日记的阅读难度太大,他专门请来语言专家,把日记"翻译"誊抄成现代德语。不幸的是,沃尔夫冈于2009年10月1日病逝,而整理工作尚未完成。他的妻子克丽斯蒂娜接力了这项繁杂辛苦的工作,最终于2015年帮助丈夫实现了遗愿——为阿思密医生设立网站,把他留下的珍贵史料挂在网上与人分享。他们为此付出的,不仅有漫长的十年时间和心血,还有金钱。

我立刻想联系国内推动出版,但因为当时要翻译《汉娜的重庆》无暇他顾,此事便搁下来。2019年秋天我回到重庆,专程上了一趟南山。"阿思密房子"被一个老人和几条瘦狗守护着,门前的台阶爬满青苔,屋顶的瓦楞和飞檐也开始塌陷,其破损的面积和程度都让人揪心。在房子一侧的荒草丛中,我找到了阿思密医生的墓碑。它黯然而坚实地伫立着,碑上的几个阴刻红字格外夺目,一看就是新涂了红漆。原来阿思密医生并未被人彻底遗忘。我受到鼓励,开始行动,把发现阿思密网站的事告诉了一些相关的人,还写了简单的书面材料请人转呈,希望能引起政府文史部门的重视。在旧城改造、现代化高楼如潮水漫卷城市的今天，这幢见证了重庆百年社会变迁、凝聚着中德友谊的古稀建筑，弥足珍贵。阿思密医生告别了祖国和亲人，不远万里来到重庆，为重庆人民救死扶伤坐诊行医到生命终结，他的事迹值得我们了解和铭记。

也是恰逢其时，不久兴起了文旅风，很多荒废多年的历史遗址和古稀建筑重获新生。2022年初夏，重庆也传来好消息，他们已经开始行动，对阿思密故居进行修缮，计划将它打造成高档历史文化民宿对外开放，并希望我能把阿思密日记翻译成中文。我为这个消息感到高兴，但我不认为自己是日记最理想的译者。在最初浏览网站时，阿思密日记里那些生僻的术语和奇怪的单词，已经让我望而生畏。我认为，应该由相关领域的专家学者来翻译。

有一天，重庆文史专家张德安老师从微信上转给我两张照片，是何智亚老师编撰的《重庆老城》一书的封面和部分文字内容。张老师还在一段文字下面画了红线："刘伯承在讨伐袁世凯的丰都战役中眼睛负伤，送宽仁医院治疗，后由德国外科医生阿思密为他成功施行了眼科手术。"

刘伯承是新中国的开国元帅，阿思密为他医治过眼伤，这件事阿思密网站上并没提及。我孤陋寡闻，也不知晓。立刻去上网求证，竟然发现了更多相关史料。一位叫柯岗的作者在《刘帅印象记》中写到，1916年，年轻的刘伯承在率领义勇军攻打丰都的战斗中，右眼受伤，被人辗转送到重庆，"住进宽仁医院。后得德国阿医生医治，经两次手术才全部治愈"。还有一本《谋帅刘伯承》的书，作者关河五十州，也同样写到阿思密为刘伯承医治眼伤的事。甚至有报刊文章写道，刘伯承元帅自己在回忆录中也提到此事。

于是我又想到翻译的事，不知是否有了进展，就给克丽斯蒂娜写邮件询问。对方很快回复了。她说好巧，刚收到一封来自北京的邮件，也是询问翻译的事。她因为工作太忙还没回信。如果我想翻译，她会优先考虑我，因为我是她创建网站之后，第一个跟她联系并表示有兴趣翻译的人。

这封邮件不仅让我有了时间上的紧迫感，还让我陡生出作为重庆人的使命感。阿思密医生在重庆行医大半辈子，他的故居在重庆，他至今还长眠在重庆的地下，他的肉身已变成重庆南山的一抔泥土，他的精神遗产，难道不应该首先由重庆人保护和继承吗？于是我决定不再等待，硬着头皮自己上。

翻译的难度超过了我的想象。陌生的术语和知识，我可以借助词典和学习来解决；不懂威妥玛注音，我也可以现学现用。可那些用奇怪的拼写所构成的中文单词，查都没法查，我该拿它们怎么办呢？原始日记的字迹潦草难认，给德语专家也造成困惑，有可能导致被"翻译"誊抄后的单词跟原文有出入，再加上汉字的同音多义特点，我怎么才能保证我的翻译无损原文的史料价值？思来想去，除了靠推测去查资料核实反证，还得厚着脸皮不揣冒昧地请教专家学者，竭尽全力，希望我的翻译能最大可能地忠诚原文。

在此我要感谢国家文物局专家库专家、重庆市城市规划学会顾问何智亚老师，重庆文史专家张德安老师，重庆文物考古研究院历史影像研究员张真飞老师和文物保护志愿者李鸿兵老师，他们在我遇到地名和术语疑惑不解或举棋不定该如何翻译时，为我提供了良好的建议和解答。我尤其要感谢西南大学的蓝勇教授，当我为三峡河段那些地名滩名焦头烂额，在网上苦苦查询求证而不得，我无意中读到蓝勇教授的一篇相关学术文章，知道他是研究三峡河段历史的专家，而且著述颇丰。巧的是，我本科也毕业于西南大学，于是我通过留校同学的帮忙联系上他，把整部译稿寄给他，请他帮忙勘正。当时正值春节期间，蓝勇教授牺牲了与家人欢度节日的时间，挑灯夜战，逐一纠正我译错的地名和滩名，让我非常感谢和感动。另外还有人民文学出版社的资深编辑杨新岚老师，她曾经是我的小说编辑，并不是这本书的责编。我把译稿寄给她，请她帮忙把关，她利用休息时间通读了稿子，给我提出了不少宝贵意见，纠正了几处北京地名的不当翻译。可以说，如果没有以上老师们的支持和帮助，仅凭我才疏学浅的一己之力，断不能完成此书的翻译，或者说，至少翻译的质量会大打折扣。

尽管这样，由于译者水平有限，我相信，书中或许仍然存在有待改善的地方。正如我在注释里所写，对于不太确信的译处，我都加了注脚，附上原文，以期得到大家的指正。

这些由一个德国人在百年前的中国写下的文字和拍摄的照片，不仅经历了漫长时光的侵蚀，还承受了巨大空间的颠簸，走过了从中国到德国，又从德国返回中国的遥远时空之旅，因此，呈现在读者面前的这本书不够完美，它的日记部分少了一页，还开了两处小天窗——那里的原始手迹德语专家也无法辨识；还有些照片也不够清晰，希望大家能够理解。别忘了，这是从岁月深处挖掘的出土文物，难免带着岁月的刻痕和风霜。但这无损它的价值，就像断臂无损维纳斯的美。重要的是，这里有我们中国百年前的样子，有我们民族艰难前行的脚印，有一个异国行医者人性的光辉。

最后我要感谢人民文学出版社出版此书，抢救下这段流落到海外的中国记忆。

还是那句话，故事是他们的，但历史是我们的。

海娆于德国
2024年11月25日